한반도의
미래 안보환경과
'한국형 상쇄전략'

국방혁신 대전략

왜 혁신일까? '개혁'에 익숙한 독자들에게 궁금증을 자아내기 충분하다. 혁신을 한자로 풀면 革新, 즉 가죽'혁'자에 새'신'자를 쓴다. 옛것을 없애고 새로운 것을 만든다는 뜻이다. 그러나 익숙한 관행을 타파한다는 것은 가죽을 벗기고 살점이 떨어져 나가는 고통을 감내해야 한다는 의미이다. 관행 파괴가 그만큼 어렵기 때문이다. 영어로 표현하면 Transformation이다. Reform과 비교한다면 Transformation이 보다 광범위하고, 포괄적이며, 구조적 변화를 포함한다. 혁신 또는 변혁이라 번역하지만 필자는 개혁을 넘어서야 한다는 의미로 혁신을 대주제로 정했다. 우리 군의 개혁은 군 내부 개혁만으로는 달성되기 어렵다. 사회가 함께 변화해야 하며 특히 민군관계의 근본적인 변화가 요구된다. 위협의 근원과 규모, 본질이 달라졌고 이에 따라 군을 바라보는 사회의 관심과 자세도 달라졌기 때문이다. 사회와 군의 협력이 지금보다 훨씬 확대되어야만 한다.

국방개혁에 관한 법률이 2006년 통과된 이후 모든 행정부가 이를 구현하기 위해 노력한 지 벌써 15년이 지났다. 노무현 정부가 시작했던

「국방개혁 기본계획 2006-2020」의 목표 시점인 2020년을 지났고, 이명박 정부 당시 계획을 10년 연장한 2030년의 목표시한도 불과 8년을 남기고 있다. 우리는 국방개혁을 언제까지 지속해야 하나? 2030년이면 만족스러운 결과를 얻을 수 있을까? 서욱 국방부 장관은 지난 22년 1월 6일 국방개혁 2.0의 성과를 발표하는 자리에서 현재 약 87%의 추진 성공률을 보였다고 자평하며 임기 말까지 95% 수준으로 끌어올리겠다는 내용으로 발언했다. 국방개혁 완수 87% 또는 95%는 누가 내린 평가인가? 과연 국민은 이러한 정부의 평가를 체감할 수 있나? 우리 군사력 수준이 주변국 대비 다양한 위협에 충분히 대처할 만한 수준인가? 우리가 국방개혁을 앞으로도 계속 추진해야 한다면 어떻게 추진해야 할까? 국제사회의 안보 환경이 급변하는 현시점에서 개혁의 방향을 어떻게 재수정해야 하나? 그동안의 경험은 우리에게 어떤 교훈을 주고 있나? 다른 국가들은 이러한 도전에 어떻게 적응하고 있나? 국방개혁은 대부분의 국가들에게도 어려운 도전이다. 과연 경쟁국들은 어떻게 시대적 요구에 부응하고 있으며 그들의 성공 및 실패의 경험은 우리에게 어떤 시사점을 주고 있는지 검토해야 한다.

필자는 지금이야말로 국방혁신을 제대로 설계해야 하는 최적기라는 차원에서 집필을 결심했다. 국방혁신으로 가는 길은 누구도 가보지 않은 미지의 탐험과 같다. 타국의 사례를 답습하기도 어렵고, 수많은 과제들을 동시에 다루고 성과를 내기도 쉽지 않다. 무엇보다도 과거의 경험에서 잘 알 수 있듯이 구조적 문제들을 다루는 데 명백한 한계가 있다. 뚜렷한 대안이 없이 새로운 정부들은 출범 즉시 국방개혁 관련 위원회를 만들고 목표들을 설정하고 집행해왔다. 그러나 일단 정부가 출범하면 당면한 현안 업무들에 매몰되기 쉽고 근본적인 대안을 찾거나 로드맵을 만들기가 어렵다. 당장 위기관리도 쉽지 않은 상황에서 2040년을 향한 장기계획을 설계하는 것은 기대하기 어렵다. 국방개혁을 혁신으로 이름만 바꾼다고 모든 문제가 해결되는 것은 아니다. 다만 어떤 방향으로 갈 것인지에 대한 전략과 방향은 확고히 세워야 한다. How to win? How to fight? 에 관한 고민과 합의 없이 기계적으로 개혁에 착수하면 우리가 추진하고 있는 변화가 중장기적으로 올바른 선택인지에 대한 확신을 갖기 힘들다. 구조에 대한 변화를 반영하는 일은 누구도 장담하기 어려운 세공이 필요하다. 우리가 혁신이라 지칭함은 군의 개혁의 범주와 관행을 과감히 뛰어넘어야 한다는 의미이다. 민군관계 전체의 구조적 변화의 틀 속에서 혁신을 추진해야 하기 때문이다. 이에 대한 책임을 정부가 져야 하며, 군과 정부의 부처들과 민간기업, 학계, 정부산하 연구기관들은 물론 국회와 언론, 대학, 사회단체 등 사회전반의 관심과 지원 하에서만 가능하며 강군을 만들기 위한 대통령의 강력한 결기와 사회적 합의가 전제되어야 한다.

지난 15년간 진행된 국방개혁에 관한 다양한 전문가 평가 중 공통적인 사항은 개혁의 속도와 강도, 그리고 범위에 대한 비판이다. 국방개혁 법률에 의거 2006년 이후 모든 정부는 기본계획을 만들어 집행하고 있고 대통령의 서명을 받아 총력을 다해 추진했지만 대부분 과거 정부에서 다뤘던 내용의 연장선상에서 주요 과제 위주로 진행되고 있다. 정상적 업무와 개혁과제 간에 구분이 모호하다. 전력예산을 과거 정부 대비 얼마나 증액을 했느냐가 종종 비교의 기준이 되곤 했다. 개혁이 일상화되다 보니 사실상 개혁이라고 얘기할만한 과감한 변화를 찾아보기 힘들다. 매

정부 자신들의 관점에서 개혁의 중점 목표들을 찾아 강조하는 것은 어쩌면 당연하다. 실례로 군 인권의 향상은 누구도 부인할 수 없는 중요한 핵심 가치이다. 그러나 이러한 과정이 다른 중요한 가치들과 균형을 유지하지 못한 채 진행되다 보면 특정 정부의 성과 내기에 치우쳤다는 비판을 피하기 어렵다. 인권의 향상에 치중한 반면 훈련과 교육에서 소홀하게 됐다. Micro-management에 치중하다보니 군의 대전략은 사라지고, 정치의 개입으로 인해 군 지휘부마저 독자적 판단을 내리기 어렵게 되면서 부하들과 국민들의 신뢰를 상실하게 됐다.

우리의 군구조는 창군이래 기본 틀을 유지하고 있다. 물론 일부 군단과 사단의 숫자가 줄어들고 지상군 병력이 대폭 줄어들고 있지만, 6.25 당시 정착된 벨트형 부대구조의 근간은 그대로 유지되고 있다. 북한이라는 거대한 위협 세력을 목전에 두고 있다 보니 안정적 변화를 추구해야하기 때문일 것이다. 이미 10년 전에도 여단형 구조로의 전환 주장이 있었지만 누구도 귀 기울이지 않았다. 지금은 여단형에 대한 합의가 보편화됐다. 다만 연대를 여단이라 이름만 바꿔 부르고 있을 뿐이다. 사단이 그대로 남은 상태에서 지휘계선은 오히려 늘어 났다. 합참, 군사령부로부터 말단 소대와 분대까지 일반 기업이라면 상상도 할 수 없는 층층시하의 복잡한 지휘구조를 반세기 넘게 유지하고 있다. 빠른 결심이 승패를 좌우하는 현대전과 미래전을 고려한다면 디지털 혁신의 시대에 역행하는 전근대적 결정 체계로 조직을 운영하고 있다.

획득 체계 개선에 대한 합리적 절차 마련은 매 정부 기본계획마다 우선순위에 등장하지만 합동전력 차원의 획득은 이론상에만 존재한다. 각군은 여전히 자군 중심의 무기체계 획득에 전념하고 있다. 전작권 전환을 앞두고 미래 사령부를 한국군 4성 장군이 담당하게 됐지만 상부 지휘구조의 변경은 논의의 대상이 되지 못하고 있다. "고양이 목에 누가 방울을 달 것인가?" 군정과 군령 통합을 위한 시도가 없었던 것은 아니다. 2011년 김관진 장관 시절 상부지휘 구조의 개선을 위한 개혁안이 어렵게 출발했지만 국회 법사위 소위원회의 문턱을 넘지 못한 채 좌초했다. 당시의 아픈 경험은 여전히 국방 당국자나 군 지휘부에 트라우마로 남아있다. 청와대도 집권 여당도 지켜주지 못할 개혁안을 추진한다는 것은 2년도 채 안되는 짧은 보직기간을 근무해야 하는 현역들에게 너무나 큰 정치적 부담이다. 결과적으로 군의 개혁설계자들은 헌법과 국군조직법을 유지한 상태에서 근본적 변화를 추진하기 어렵다. 인구절벽이 심각한 수준이지만 예비전력은 여전히 국방예산 0.4%의 수준에 불과하다. 문재인 정부가 국방개혁 2.0의 성과를 87%라 자처하고 있지만 22년 목표연도까지 예비전력에 관한 예산을 불과 1%의 수준도 넘지 못하고 있다. 핵을 가진 북한과 대치 중이지만 예비군 훈련을 2박 3일 정도로 세계에서 가장 짧고 형식적으로 하는 나라로 기네스북에 오를 수준이다. 왜 그럴까? 누구도 이러한 익숙한 관행에 문제를 제기하지 않기 때문이다. 즉 방법을 몰라서가 아니라 예비군 활성화를 정치적으로 수용하기 어려운 구조적 문제라는 점 때문이다. 동원전력사령부 등 조직을 창설하는 데는 큰 어려움이 없었다. 그러나 동원전력사령부가 창설됐지만 예비전력의 활성화는 요원하다. 현재도 전략사령부의 필요성을 주장하는 목소리가 정치권과 각군 예비역 사이에서 심심치 않게 들린다. 그러나 조직을 줄여나가는 일에는 누구도 앞장서기 어렵다. 민간 부분의 참여를 확대하는 책임 운영기관의 필요성은 10년 만에 정책의 일관성을 잃고 말았다. 부수 병력이 적은 각군의 입장에서 외부에 나가 있는 인력을 하나라도 본부로 끌어 모아가고 있다. 이스라엘이나 독일에서 실효를 입증한 민간 분야 아웃소싱(Outsourcing)은 여전히 우리 군에서는 먼 나라의 이야기다. 각 병과가 모두 '서바이벌 게임'을 벌여야 하기 때문이다.

선거철만 되면 부족한 병력자원을 보충하기 위해 모병제가 필요하다는 주장이 등장한다. 이런 주장의 밑바탕에는 누군가가 군에 입대하면 내 자녀는 군에 보내지 않아도 된다는 제로섬 사고가 깔려 있다. 그러나 취업이 어려운 젊은 세대가 군을 직업으로 선택하지 않는다는 사실은 애써 외면한다. '징병제 포기'라는 결정이 초래할 엄중한 결과에 대해서는 누구도 책임지려 하지 않는다. 여성 인력의 확대 결정을 이미 2010년에 내렸지만, 각군의 인사정책은 여전히 답보상태이다. 그나마 입대한 여성 인력들마저 충분히 활용하지 못한 채 조기 전역을 시키고 있다. 급식이 장병들의 생활수준에 맞지 않는다는 불평들이 끊이지 않는다. 이미 2010년에 반위탁 사업을 진행하기 위해 소위 밀키트 방식으로 식자재를 공급하는 안을 시험부대에 적용해 호평을 받았다. 그러나 공급선 변경에 대한 일부 국방위 소속 의원들의 지적과 농협의 반대로 무산됐다. 2021년 한 해에만 국방장관이 무려 일곱 차례나 대국민 사과를 거듭하는 창군 이래 초유의 사태가 벌어지면서, 군에 대한 신뢰가 땅에 떨어졌다. 누구나 쉽게 군을 비판하지만, 군에 대한 사회의 책임에 대해서는 아무도 입을 열지 않고 있다. 사회와 군의 상생을 위한 새로운 계약이 필요하다. 사뮤엘 헌팅톤(Samuel P. Huntington)과 클라우드 웰치(Claude Welch)가 반세기 전에 지적한 건강한 민군관계의 복원이 바로대한민국에서 지금 당장 이뤄져야 한다.

2022년 초 대선 국면에서 각 진영은 국방에 관한 공약을 경쟁적으로 발표하고 있다. 그러나 누구도 국방개혁을 어떻게 완수할 것인지에 대해서는 구체적인 입장을 밝히지 않고 있다. 이재명 후보 측은 국방개혁을 다룰 대통령 직속의 위원회를 개설한다고 했다. 윤석열 후보 측은 국방개혁이라는 용어 대신 국방혁신 4.0을 공약으로 내놓고 있다.

　우리는 지난 세월 수없이 많은 토의를 진행했다. 그런데도 국방개혁이 제자리 걸음을 하는 이유는 방법을 몰라서가 아니라, 의지가 부족하기 때문이다. 군은 우리 사회의 거울이다. 개혁과 혁신을 군에만 맡겨서 될 일이 아니다. 문제가 발생할 때마다 군 지휘부를 경질하고 비판하는 땜질식 처방으로는 아무 것도 달라지지 않는다. 군이 직면한 과제들은 우리 국민과 사회 전체가 고민하고 해결해야 할 범국가적 담론이 되어야 한다. 미래 국방혁신은 기존 국방개혁이라는 고정된 틀을 넘어서는 결기와 변화의 의지를 담아야 한다. 이번에 출간되는 국방혁신 시리즈는 이러한 고민들을 해결하기 위한 집단지성의 노력이다. 혁신에는 뼈를 깎는 고통이 따른다. 새로운 변화를 이뤄내기 위한 고심의 결단(Hard decision)을 내릴 수 있어야 하며 이에 따른 단기적 손실과 비판을 감내해야 한다. 무엇보다 개혁의 모든 당사자들이 기득권을 과감하게 포기해야 한다. 더 나은 미래를 향하여 한 번도 가본 적이 없는 길을 걸어야 한다. 때로는 위험도 감수해야 한다. 편안하고 익숙한 관행에 안주하지 말고, 제2의 창군을 시작한다는 비장한 각오가 요구된다.

　분야별 전문가들이 이러한 혁신의 길에 동참해 준 것에 깊이 감사드린다. 2040년 미래 안보환경의 논의로부터 병력구조, 지휘구조, 전력구조와 부대구조, 방산과 예비전력, 각군의 전략, 방위산업 발전 전략, 군의 문화, 사이버 전력과 보훈 정책 등 다양한 분야에 관해 이들과 함께 해법을 찾고자 한다. 2040년을 향한 대한민국 안보 정책의 방향과 전략을 고민하고 우리의 고민을 독자 여러분들과 함께 공유해보고자 한다. 우리의 의견이 유익한 담론의 장을 만드는데 미력이나마 도움이 될 수 있기를 희망한다. 향후 정부가 미래지향적 관점에서 올바른 정책을 만들 수 있다면 큰 보람이 아닐 수 없다. 각 장에서 세부 주제별 입장과 문제의식을 밝히고, 마지막 장에서 그룹 전체의 견해를 담아 결론을 내리고자 한다.

1강

한반도의 미래 안보환경과
'한국형 상쇄전략'

한반도의 미래 안보환경과
'한국형 상쇄전략'

I. 서론

한반도의 미래 안보 환경은 결코 낙관적이지 않다. 2022년 1월 1일 한국 언론과의 신년 인터뷰에서 시카고 대학의 미어샤이머 교수는 미·중 패권전쟁이 이미 신냉전 단계에 들어섰으며, 한국은 미국과 더 밀착해야 하고, 미국은 한국에 대한 핵우산 공약을 확고히 해야 한다고 주장했다. 특히 그는 미·중 사이에서 모호한 태도를 취해온 한국 정부를 의식한 듯, 한국은 자신의 무덤 위에서 중국과 함께 춤을 출지 아니면 미국과 협력하는 것을 선택해 미국의 핵우산을 머리 위에 이고 살 것인지를 스스로 물어봐야 한다고 직설적으로 표현했다. 가장 영향력 있는 지식인 중 단연 손꼽히는 스탠포드 대학의 역사학자 니알 퍼거슨 교수 역시 작년 12월 "재앙의 정치학"(Doom: The Politics of Catastrophe) 출판과 관련, 한국 언론과의 인터뷰에서 가장 가까운 시기에 일어날 두려운 재앙 중의 하나가 바로 미·중 충돌이며, 이는 대만에 대한 중국의 무력 개입으로 발생할 가능성이 크다고 지적했다. 특히 그는 중국의 대만침공이 실제로 발생할 경우, 한국이 어떤 행동을 취할 것인지가 개인적으로 가장 궁금하다고 밝혔다. 왜 그가 갑자기 한국을 소환했을까? 동아시아의 안보 지형의 변화가 이미 활발하게 시작되고 있음에도 불구하고 한국이 이러한 구조적 변화를 전혀 인식하지 못하거나 그 개연성을 애써 외면하고 있기 때문이다. 왜 국가들은 그렇게 행동할까(Why do states behave as they do?)에 대한 의문은 국제정치학자들이 오랜 기간 관심을 가져온 가장 근본적인 질문이다. 국제체제의 제약과 같은 구조적 요인부터 국내 정치의 변화, 문화적 요소 등 다양한 비구조적 요인들로 국가 행동에 대한 분석을 시도했지만 향후 20년 한국이 어떤 선택을 내릴지를 전망하기란 쉽지 않다. 그러나 급변하는 안보 환경 속에서 미래를 향한 한국의 선택은 매우 중요하다. 국가 존망과 번영, 지역의 안정에 관련된 중요한 선택이기 때문이다. 로버트 길핀은 국가마다 다른 성장 속도의 차이와 기존 질서에 대한 성장 국가들의 불만이 패권전쟁의 가장 큰 원인이라고 주장한다. 길핀은 이러한 경향은 수천년 이어지는 변함없는 원칙이라고 설명한다. 패권전쟁이 발생할 것인지에 대한 학자들의 전망은 다양하다. 특히 동북아 지역에서의 패권 격돌 가능성에 대해 세간의 관심이 집중되고 있다. 하지만 우리의 관심과 위협의 우선순위가 북한의 범주를 크게 벗어나지 못하고 있다. 힘의 전이가 급속하게 진행되는 상황에서 힘의 역학관계의 변화를 읽어내고 이에 빠르게 대처하는 적응력이 요구된다. 왜 우리는 이러한 변화에 둔감할까? 에릭 홉스테드와 같은 사회학자는 불확실성의 회피(Uncertainty Avoidance)로 이를 설명한다. 지난 1993년 북핵 1차 위기 이후 우리의 인식체계가 북한의 도발과 위협 대응이란 단일 목표에 깊이 매몰되어 있기 때문이다. 향후 20년은 그동안 잠재적 위협으로 분류한 중국의 위협이 본격적으로 확대되는 시기이다. 우리가 모호한 행동을 취해온 사이 여러 방면에서 새로운 위협은 우리의 행동반경을 심각하게 제약하고 있다. 물리적 힘뿐 아니라 영향력을 통한 공세와 특히 사이버 상에서의 침투는 우리의 경각심을 불러일으키기 충분하다. 더 큰 우려는 상대국에 대한 우리 국민의 인식변화이다. 특히 젊은 층의 대중국 인식변화가 두드러지고 있다. 2030 세대가 바라보는 중국에 대한 인식변화는 심각하다. 75%가 중국의 고압적 자세와 우리의 무기력한 대처에 반발하고 있다. 물론 중국 내에서도 한국의 전략적 중요성에 대한 인식은 매우 낮은 수준에 머물고 있다. 상호관계를 발전시키는 외교적 노력도 중요하지만 우리의 안전을 지키기 위한 군사적 수단과 결기를 확보하는 것이 필요하다. 향후 20년의 주요 특징은 비전통안보의 위협과 회색지대 위협 등 보이지 않는 새로운 위협이 차지하는 비중이다. 코로나19 팬더믹 사태에서 볼 수 있듯이, 비전통 안보위협이 국가들의 전통적 안보관과 정책 우선순위를 변화시키고 있다. 본 연구에서 필자들은 미국의 국가정보위원회(NIC), 미 육군교육사령부, 랜드(RAND) 연구소 등 3개 기관과 영국, 호주, 캐나다의 국방성이 작성한 미래 전략보고서를 비교 분석했다. 이들 모두의 공통된 초점은 중국의 거센 도전이다. 향후 이 지역의 안보 환경에 심각한 영향을 미치는 중국의 팽창주의적 공세에 각국은 어떻게 대처할 것인지에 주목하고 있다. 물론 미국의 영향력이 2040년까지 유지된다는 주장이 대세를 이루지만 중국의 영향력 확대가 이루어지는 첫 관문이 바로 대한민국이라는 점에서 특별한 관심을 가져야 한다. 우리는 미래 안보 환경에 관해 대략 3가지 시나리오를 추출할 수 있다. 첫째, 중국의 도전에도 불구하고 미국이 지역 내 주도권을 확고히 유지할 경우, 둘째, 미·중 간의 대결이 고조되면서 팽팽한 긴장 관계가 상당 기간 유지될 경우, 마지막으로 중국이 미국의 동아시아지역에 대한 전통적 우위를 차단하게 될 경우이다. 결론부터 말하자면 어떤 경우가 되건 북한의 핵과 미사일에 의한 위협은 결코 축소될 가능성이 없다. 특히, 세 번째 시나리오의 경우 우리는 자체 핵무장을 피하기 어려울 것이다. 어떤 경우가 되건 우리의 독자적 상쇄역량을 확대해야 한다는 것이 본 연구진의 핵심 결론이다.

2021년 12월 2일 제53차 SCM에서 양국은 새로운 위협에 대처하기 위한 전략기획지침(SPG)을 만들기로 합의했다. 일찍이 조지 리스카 (George Liska)는 동맹은 세월이 지나면서 약화될 수밖에 없다고 진단했다. 로슈타인(Rothstein)이나 뉴스타트(Neustadt)는 그 이유를 각국의 국내 정치의 변화로 설명한다. 즉 동맹 유지비용에 대한 각자 기대가 달라지기 때문이라고 분석하고 있다. 맥킨지(McKinsy)와 노살(Nossal)은 이를 해결하기 위한 최선의 대책은 양국이 새로운 위협을 인식하고 이에 공감하는 것이라고 주장했다. 문제는 한국과 미국 양국이 새로운 위협에 충분히 공감할 수 있는지가 관건이다. 미국은 이미 중국과의 대결이 최대의 위협이지만 한국은 이러한 사실을 인정하지 않고 애써 외면하려 한다. 그러나 북한의 재래식 위협에 대처하기 위해 수립된 기존의 작전계획들이 새로운 위협에 대처하기에는 역부족이라는 점에는 이견이 없다. 특히 유사시 중국의 제3국 개입(TPI) 가능성, 핵무기 사용을 전제한 전쟁의 예방이나 핵 사용 이후의 안전관리 문제, 특히 '횡적 위기의 상승'(Regional Horizontal Escalation) 즉 대만해협이나 남중국해에서 발생한 위기가 우리 안보에 대한 위협으로 확산이 될 가능성에 대해서는 위험스러울 정도로 준비가 불충분하다. 무엇보다도 주변 강대국들과의 기술 격차가 확대되고 있다. 주변국들이 추진하는 다영역작전

(MDO)을 위한 역량 강화 노력을 감안할 때, 우리의 군구조나 전략 방향 역시 새로운 변화에 적응하도록 개선해야 하며 과거의 편안함이나 익숙함(Familiarity)에 안주할 수 없다. 현재 우크라이나에 대한 러시아의 새로운 위협은 발트해 인접국은 물론 온 유럽을 긴장으로 내몰고 있다. 하이브리드 전쟁이나 회색지대 위협은 크림반도와 유럽을 넘어 한반도에서도 언제든지 발생할 수 있다. 이러한 새로운 위협을 해소하기 위해서는 미래 안보 환경을 고려한 군 구조의 개편이 필요하며, 한국형 상쇄전략의 구현을 위한 집중과 선택이 요구된다. 20년 후 우리의 안위를 책임지려면 지금 당장의 전략적 선택이 사활적 관건이다.

전략환경의 변화와 더불어 우리가 주목해야 할 문제는 팬더믹 사태가 국내 안보 환경에 미치고 있는 영향이다. 미국 등 주요 선진국에서는 코로나 바이러스와 같은 비전통적 안보 위협에 대처하지 못하는 자국 정부에 대한 국민적 신뢰가 무너지고 있다. 천문학적 비용이 소요되는 고가의 무기체계 획득과 국방예산의 무제한적 사용 관행에 제동이 걸리고 있다. 이는 한국도 예외가 아니다. 또한 기후변화에 대한 압력 역시 반드시 고려해야 할 대상이다. 미국 바이든 행정부는 21년 1월 행정명령을 통해 군이 화석 연료 의존을 줄이고 에너지 소비 관행으로부터 과감한 변화를 추진할 것을 요구하고 있다. 이러한 환경기준은 전투 수행 체계에도 큰 변화를 수반하게 된다. 지구온난화는 북극해의 지정학적 경쟁을 초래하고 있으며 중국의 북극해 진출은 새로운 갈등 요소로 대두되고 있다. 무엇보다도 세계 경제의 침체는 지구촌 안보 커뮤니티가 직면한 공통의 도전과제이다. 주요국들이 보호무역을 강조하고 경제적 상호의존이 점차 무기화되는 가운데 과연 신자유주의적 질서 유지가 가능할지에 대해 다양한 견해가 표출되고 있다. 지구촌 곳곳에서 자국 우월주의와 포퓰리즘에 따른 우파 정부들이 등장하고 이를 반대하는 좌파 정부들의 출현과 대결은 국제사회를 더욱 갈등지향적인 환경으로 만들어 가고 있다. 특히 유엔 등 국제기구나 수만 개가 넘는 국제시민단체와 NGO들이 문제해결 능력을 보여주지 못하고 있으며, 다자주의가 시험대에 올라 있다. 이러한 변화 속에서 시민사회가 군의 관행이나 운영방식에 직접 문제를 제기하거나 적극적 지원을 철회하게 된다면 민군관계의 건전한 상생을 기대하기 어렵다. 특히 인구절벽 시대 절대 병력이 부족한 상황에서 민간 부문의 적극적 참여와 희생이 요구된다. 그러나 5년 단임 정부가 포퓰리즘을 극복하고 국방력 강화를 위한 과감한 정책변화를 관철하기는 매우 어렵다. 특히 제한된 재정 여건하에서 상쇄전략을 선택하고 우선순위를 재조정하는 일은 고도의 정치력을 필요로 한다. 합동전력 차원에서 필수 불가결한 우선순위를 조정해야 하며, 기존의 군종 간 제로섬 경쟁에서 과감히 벗어나야 한다. 새로운 위협을 식별하고 공동이익에 기반한 동맹 구조와 전략을 확고히 재건해야 한다. 지정학적 여건은 분명 다르지만 일본, 호주 등 미국 동맹국들의 선택은 우리에게 영향을 미치지 않을 수 없으며 비교의 대상이 된다. 남북관계 개선과 평화 프로세스 추진과 같은 정치 논리는 20년 후에도 사라지지 않을 것이다. 다만 한국군이 보유한 강인한 군인정신과 작전역량, 연합훈련의 기회는 우리의 태도 여하에 따라 대체 가능한 자산이다. 꾸준히 개발하지 않으면 일순간에 퇴보할 수 있다. 6.25 전쟁 이후 꽃피워온 민주주의 네트워크와 국제사회로부터의 인정과 관여에 대한 요구는 우리의 행동반경을 넓혀줄 그 무엇과도 바꿀 수 없는 자산이자 강점이다. 우리가 국제사회에서 어떤 기여가 가능한지의 문제는 미국과의 동맹관계와 같은 외부적 요인에 의해 결정되지 않는다. 오히려 우리의 상상력과 경험, 그리고 우리가 꿈꾸는 미래비전에 따라 스스로 결정할 수 있는 선택의 사안이다. 국제사회에서는 주도권을 발휘하는 자만이 이익을 취할 수 있다. 포스트 팬데믹 시대에 새로이 형성되는 국제질서 속에서 국익을 지킬 수 있으려면 우리가 20년 후에 어떤 질서를 만들 것이며 그 안에서 우리가 어떤 역할을 하고 싶은지에 대한 구체적 열망을 담아내야 한다. 중국의 심기를 건드리지 않는 소극적 자세가 아니라, 한국의 세계 전략, 지역 전략이 무엇인지를 주변국은 물론 인도 태평양 지역 내 많은 단위 국가들과 국제사회 전체가 이해시켜야 한다. 우리의 새로운 전략과 행동과 원칙에 그들이 적응할 수 있도록 향후 20년을 설계하고 이를 구현할 수 있는 전략과 수단의 확보를 위해 매진해야 한다.

II. 코로나19가 초래한 불안한 동북아 정세

코로나19로 촉발된 팬데믹 사태는 초강대국들의 리더십에 결정적 타격을 입혔다. 3년 차로 접어든 코로나 사태는 오미크론 신종 변이의 출현과 함께 미국의 경우 하루 평균 100만 명씩 신규 감염자가 속출하고 있다. 국제보건 협력과 방역의 중요성을 강조하는 바이든 행정부가 출범한 지 1년이 지났지만, 본원적 취약성(Fragility)을 극복하지 못하고 있다. 이러한 리더십의 상실은 지구촌에서 벌어지는 대규모 질병, 빈부격차, 지정학적 갈등, 기후변화 등과 더불어 혼선과 불안감을 증폭시키고 있다. 국내외 전문가들은 향후 20년 동안 지구촌은 반복되는 팬데믹과 기후변화에 따른 재앙, 첨단기술의 진보로 인한 교란(Disruption), 금융위기 등 다양한 도전에 직면할 것이며, 이에 따라 국제체계, 지역(Regional) 공동체, 개별국가들의 회복탄력성과 적응력·생존력이 끊임없이 시험대에 오르게 될 것으로 전망한다.

  한반도는 2021년 기준 'US News & World Report'가 선정한 국력 면에서 세계 1위 미국, 2위 중국, 3위 러시아, 6위 일본 등 글로벌 강대국에 둘러싸여 있다. 군사력 면에서도 한반도 주변 강대국은 모두 초강대국으로 분류될 수 있다. 'Global Firepower(GFP)'에 의하면, 2021년 현재 군사력은 미국-러시아-중국이 최상위권이고 일본이 5위다. 군사비 지출 면에서 미국이 압도적 1위(전 세계 군사비의 39%)이고, 중국 2위(13%), 러시아 4위(3.7%), 일본이 9위(2.5%)에 각각 등재되어 있다. 전문가들은 국제정치학자들이 주장해온 세력전이(Power Transition)가 실제로 한반도 주변에서 발생할 것인지를 지켜보고 있다. 세계의 언론들 역시 전례 없는 미·중 대결과 갈등이 자칫 군사적 충돌로 이어질 가능성이 있는지에 촉각을 곤두세우고 있다. 대한민국은 이러한 가능성을 사전에 차단하기 위한 위기관리 역량 확보에 관심을 집중해야 한다. 다행히 미국의 바이든 행정부는 동맹관계 복원을 제1순위의 목표로 상향시켰지만, 트럼프 재임 당시 보여준 미국 우선주의의 행태나 주한미군 주둔의 전략적 가치에 대한 몰이해로 인해 적잖은 충격을 준 게 사실이다. 미국의 국내정치적 역학 구도를 살펴보면 향후 공화당 정권이 재등장할 가능성도 배제할 수 없다. 민주당이건 공화당이건 간에 향후 미국 정부가 한국에 대한 무제한 지원과 일방적 희생을 감내할 것으로 기대하기 어렵다. 미·중 패권 대결 시대의 지상과제는 한·미동맹이 견고하게 유지되어야 한다는 것이다. 다행히 미국 바이든 행정부가 한반도의 전략적 중요성을 과소평가하지 않고 있지만, 중국과의 대결 구도에서 한국을 위해 전쟁을 감수할 수 없다는 점도 항상 염두에 둬야 한다. 한국 스스로 위협을 극복할 수 있는 외교력과 군사력을 갖춰야 하며 이러한 점에서 상쇄전력의 확보는 매우 중요한 정책 우선순위가 돼야 한다.

대한민국은 2020년 기준으로 북한보다 40배 이상의 국방비(50조 원 이상)를 투자하고 있으나 북한으로부터의 위협에 여전히 시달리고 있다. 아산정책연구원이 최근 발표한 「한국인의 외교안보 인식」 보고서에 의하면, 응답자의 67%는 "한반도가 전시 상황에 돌입했을 경우, 한국군 단독으로는 전쟁에서 이길 수 없다"고 응답했다. 북한이 비대칭전력에 해당하는 핵무기를 다수 보유한 상황에 대해 국민 상당수가 한국군의 독자적 방위역량에 불안감을 느끼고 있기 때문이다. 이러한 국민적 불안감은 바로 우리가 처한 총체적 안보 위기를 상징적으로 보여준다. 가장 대표적인 원인은 북한이다. 문재인 정부 내내 한반도 평화프로세스를 추진했지만 북한이 현실적으로 비핵화를 선택할 가능성은 없다. 또한 북핵 위협 대비용으로 구축된 '핵·WMD 대응체계(과거 '3축 체계')'에 대한 신뢰가 부족하며 동시에 미국이 약속한 확장억제 공약(일명 '핵우산')의 신뢰성 역시 확고하지 않기 때문이다. 그러나 더 심각한 문제는 안보 상황을 어떻게 헤쳐나갈 것인지에 대한 확고한 미래비전과 대전략(Grand Strategy)이 부재하다는 사실이다. 미국의 '미국 우선주의'나 '인도·태평양 전략', 중국의 중국몽(中國夢) 또는 강군몽(强軍夢), 러시아의 '강대국 또는 제국으로의 귀환', 심지어 일본의 '보통국가화' 등에 비추어 볼 때, "한국의 대전략은 무엇인가"라는 질문에 쉽게 답변할 수 없다. 평화를 강조하고 대화를 통한 문제 해결이 바람직하지만 이러한 노력이 안보 위협을 근본적으로 제거해 줄 수 없다. 본 연구의 궁극적 목표는 '한국형 상쇄전략'을 구현하기 위해 어떤 전략적 선택과 준비가 필요한지 살펴보고 이를 어떻게 장기계획의 틀 속에 담아 낼 것인가에 대한 해답을 모색하는 것이다.

III. 주요국들의 미래 안보 환경 전망

첫째, 미 국가정보위원회(National Intelligence Council)가 발표한 「Global Trend 2040」이다. 보고서의 핵심은 ① '민주적 르네상스 (Renaissance of Democracies)', ② '세계적 표류(A World Adrift)', ③ '경쟁적 공존(Competitive Coexistence)', ④ '분절적 다극체제 (Separate Silos)', ⑤ '재앙과 동원(Tragedy and Mobilization) 등 5개 시나리오다. '민주적 르네상스'는 코로나19 백신 개발의 범세계적 성공에 힘입어, 그 후 10여 년 이상 첨단기술 진보, 생산성 향상, 경제적 호황이 이뤄짐에 따라, 2030년대 중반부터 미국과 그 동맹국들이 전세계적인 민주주의 부활을 주도하는 상황이다. 반면 2022년 이후 중국은 '중진국 함정', 인구 노령화, 국가부채 급증 등으로 인해 2029년부터 국가주도 경제발전 모델의 한계에 봉착한다. '세계적 표류'는 전 세계 주요 선진국과 개도국의 경제가 코로나19 팬데믹의 타격 및 후유증을 완전히 극복하지 못한 상황이다. 반면 2020년대 말부터 중국은 강력한 사회적 응집력, 중앙집권적 지시-복종, 직업 및 재화·서비스의 기민한 제공, 정치적 반대파 완벽 진압 등에 힘입어, 여타 주요국들보다 상대적으로 우월한 적응 능력을 발휘한다. 또한 중국이 무력행사를 통한 현안 해결에 나섬에 따라, 미국 동맹국들조차 중국의 협박과 위협의 표적이 될 수 있다는 위기감이 확대된다. '경쟁적 공존'은 기존 강대국인 미국과 신흥 경쟁국인 중국 간 패권 경쟁이 더욱 심화되는 상황이다. '분절적 다극체제'는 세계가 미국, 중국, EU, 러시아 등 강대국 중심으로 다수의 경제·안보 블록으로 분열되고, 개별 블록들이 자급자족, 회복탄력성, 국방력 강화 등에 주력하는 상황이다. 끝으로, '재앙과 동원'은 기후변화가 촉발한 폭우, 가뭄, 폭염, 북극해 해빙, 해수면 상승, 대형지진 등의 글로벌 재앙들로 인해, 주요 국가들이 기근 방지, 기본적 인권 보호 등에 실패함에 따라, 기존 정권들이 붕괴 및 해체되는 체제적 변동(Systemic change)이 벌어지는 상황이다. 이러한 5가지 시나리오 중 가장 가능성이 높은 시나리오는 '경쟁적 공존'이다. 20년간 미·중의 대결구도가 첨예하게 대립될 때 한국이 어떤 역량을 갖추고 준비해야 하는지가 관건이다.

둘째, 영국국방부의 「Global Strategic Trends(GST) 2050」이다. GST는 2050년 전략환경을 좌우하는 핵심 분야를 분열(Disruption) 및 기후변화 비용 증가, 자원의 수요 및 경쟁 증가, 인구학적 변화 관리, 자동화 및 다양한 노동력의 증가, 불평등 증가와 사회적 단합 감소 및 사회적 파편화 발생, 범죄/극단주의로부터의 위협 증가, 국가 주권의 침식(Erosion), 규제되지 않은 정보공간의 확장, 기술적 변화의 관리, 인공지능(AI) 활용(Harnessing), 규칙기반 국제체제의 적응, 경쟁적 공간의 확장, 대량살상무기(WMD) 효과의 증가 등으로 꼽았다. 영국 국방부의 GST 보고서 전망에 의하면, 중국의 경제·사회·지정학적 미래는 나머지 세계에 중대한 영향을 미칠 것이다. 중국이 세계의 '지배적 초강대국'이

될 가능성은 있지만, 여러 국내적 제약들이 이런 가능성을 제한할 것이다. 핵심 관건은 "중국의 일당독재 체제가 광범위한 사회·경제·환경 문제를 얼마나 효과적으로 해결할 것인가"이다. 이는 중국의 정치체제 및 대외 전략환경과 직결된다. 중국공산당이 사회에 대한 현재의 통제를 완화, 강화, 또는 유지할 것인지 여부는 중국사회의 미래에 결정적 영향을 미칠 것이다. 그러나 어떠한 상황에서도 중국공산당은 여전히 권력 독점을 누릴 것이며, 중국은 보다 적극적인 글로벌 역할에 나설 것이다.

앞으로 수십 년 동안 중국은 경제력·군사력·외교력의 증가에 힘입어, 미국과 경쟁할 잠재력을 보유한 글로벌 강대국이 될 것이다. 강대국으로서의 지위를 향한 중국의 열망과 급속한 발전은 지역 질서는 물론이고 세계질서 형성에서 가장 중요한 지정학적 요인 중 하나가 될 것이다. 아마도 미국은 여전히 세계에서 가장 강력한 군사대국으로 남을 것이며, 부분적으로는 이 지역에 대한 깊고, 항구적인 경제 및 안보적 유대관계 유지를 위해 동아시아에 상당 규모의 군사력을 계속 주둔시킬 것이다. 요컨대, 미·중관계는 지역 안보 환경을 좌우하는 핵심적 결정요인이다. 따라서 이들 양대 초강대국 간 전략경쟁은 더욱 치열해질 것이지만, 경제·사회적 연계(Entanglement)의 정도가 더욱 커질 것이기 때문에 직접적 군사 대결을 피할 가능성도 상당히 높다고 전망하고 있다. 또한 GST는 2050년 무렵 동아시아 안보 환경을 "복잡하고 도전적 환경"으로 표현하며, 그 이유로 세계에서 가장 강력한 군대의 존재, 강대국 경쟁, 한반도 긴장, 해양 영토분쟁, 조직범죄·테러와 같은 초국가적 위협, 자연재해 가능성 등을 꼽았다. 특히 북한과 관련하여, 북한의 대량살상무기(WMD)가 한국과 일본의 군사력 강화 및 주한미군의 지속적 수요로 이어질 것으로 보았다. 특히 김정은에 대해서는 높은 수준의 국내적 인기,

충직한 관료집단, 가혹한 정치적 탄압 등에 힘입어 "상당 기간(For a considerable period)" 집권을 유지할 가능성이 높다고 전망하고 있다. 한편, 북한 핵 능력의 미래는 "매우 불확실"한 것으로 평가했다. 만일 북한이 더욱 효과적인 핵능력을 개발한다면, 역내 행위자들은 북한이라는 핵보유국의 봉쇄(Containment)에 나서야 한다. 그러나 북한은 공격을 받거나, 체제생존이 위험하다고 판단되는 경우 핵무기를 사용할 가능성이 "매우 높다." 북한의 장거리 핵미사일 개발과 각종 전술 유도탄의 성능개발은 동아시아의 지정학적 조건을 변화시킬 것이다. 일본은 미래 한반도에서의 전쟁에 휘말리지 않기를 바라는 과거의 상태로 남아 있기가 곤란해졌다. 이러한 불안감으로 인해 일본은 적기지 타격론 등 보다 공세적 전략을 추진하기 위해 노력하고 있다. 김정은은 미국·중국과의 '거래 성사(Craft a deal)'로 보다 안정적인 상태(Status quo)를 조성하기를 희망하지만, 그의 돌연한 사망이나 일신상의 변고 등은 체제 붕괴를 촉발하거나 심각한 파장을 초래할 수 있다. 북한 정권의 안위는 남북 정세와 지역 강대국의 전략에 영향을 받을 것이다. 중국은 한반도 현상유지를 선호하는 입장을 바꾸지 않을 것이며, 중국의 전략적 이해에 불리한 잠재적 정권교체 또는 정권 변화가 이루어 진다면 중국은 언제든지 군사개입을 검토할 가능성이 높다. 북한의 내정 불안과 중국의 개입가능성을 잘 적시한 보고서란 점에서 우리에게 시사하는 바가 크다.

셋째, 랜드(RAND) 연구소의 「Discontinuities and Distractions: Rethinking Security (DDRS) for the Year 2040」이다. 보고서는 1910~1935년, 1950~1975년, 1990~2015년 등 과거 3차례의 25년을 대상으로 연구한 결과를 토대로, 해당 기간의 초기에 제기되었던 기대와

우려가 실제로 발생한 사건들에 의해 "빠르게 추월(Quickly overtaken)" 되었다는 점을 발견했다. 각각의 기간들은 이전 시대와의 연속과 단절을 보여준다. DDRS에 의하면, 일상적 사건 또는 "비슷비슷한(More of the same)" 사건들은 "흰색 백조(White Swans)"로 부르며, 이는 '연속성 (Continuities)'을 상징한다. 반면, "검은 백조(Black Swan)"란 불가능 한 것으로 간주되어 결코 고려되지 않았지만, 역사를 바꿀 정도로 충분히 결정적 중요성을 갖는 사건으로 봤고 이를 '불연속성(Discontinuities)으로 간주한다. 예컨대, 기후변화나 기술진보 같은 특정한 연속성은 극단적 기 상이나 해안 침식이 대규모 이주(Migration)를 초래하거나, 인공지능 (AI)의 진보가 광범위한 실직을 유발하는 경우에는 불연속성으로 변화할 수 있다. DDRS가 2040년까지의 기간 중 발생할 것으로 예상한 '불연속 성'은 다음과 같다. 첫째, 미국 군사력의 특징 면에서, 사이버공간·우주 영역(Domain)의 압도적 중요성이 증대됨에 따라 이를 장악하기 위한 경쟁이 심화될 것이며, 전투에서 인간보다 기계의 역할이 더 커질 것으 로 전망했다. 둘째, 핵무기 사용 면에서 2차 세계대전 이후 최초로 국가 가 핵무기를 실제로 사용하거나, 비국가행위자가 핵테러(Nuclear ter-rorism)를 벌일 가능성이 있다. 셋째, 기술진보가 사회변혁을 초래한다 는 가정하에서, 항생제 내성(Antimicrobial-resistant)을 보유한 바이러 스가 새로운 보건위기를 초래하고, 적층가공(Additive manufacturing, 3D 프린팅)이 경제 전반과 공급망을 교란시킬 수도 있을 것이다. 넷째, 지정학적 측면에서 기후변화가 일부 국가들에게는 이득을, 또 일부 국가 들에게는 손해를 주어, 결과적으로 글로벌 세력균형에도 영향을 줄 잠재 력을 갖추고 있다. DDRS는 미래의 전쟁 양상과 관련하여 다음과 같이 전망했다. 우선 냉전 이후부터 시작된 국가 간(Interstate) 및 국가 내

(Intrastate) 분쟁의 감소는 2040년까지 지속될 것으로 예상된다. 드론과 로봇이 대부분의 인명 살상을 담당하는 '전쟁 자동화(Warfare automation)' 현상이 이러한 추세를 보완할 것이다. 명확히 정의된 규칙이 존재하지 않는 사이버, 정보, 미디어, 우주 등 새로운 영역으로 전쟁의 범위가 확장됨에 따라, 종종 "공격"은 살상보다는 혼란이나 교란을 의미하며, 공격자가 식별되지 않아 위험하고 불확실한 시대의 도래가 예상된다. 물론 '백 투더 퓨처(Back to the Future)' 시나리오를 배제할 수 없다. 즉, 미국의 국력 우위의 감소와 국제기구의 역량 저하가 국가간 전쟁 발발 가능성을 높일 수 있으며, 국가제도의 역량 약화와 경제성장의 하락이 국가 간 분쟁을 촉발할 가능성이 상존한다. RAND 보고서는 신기술 발전에 의한 전쟁 자동화의 추세와 사이버, 우주, 미디어, 정보 등 전쟁 범위의 확장 가능성에 따른 대비가 중요하다는 점을 잘 지적하고 있다.

넷째, 미 육군교육사령부(TRADOC)의 「Character of Warfare 2030 to 2050(전쟁양상, 2030-2050)」이다. 「전쟁양상」 보고서는 미래 작전 환경 관련 전망을 클라우제비츠가 「전쟁론」에 내린 전쟁의 정의로부터 시작한다. 클라우체비츠는 전쟁이란 "우리 의지의 실현을 위해 적을 굴복시키는 폭력행위"라고 주장했으며 이런 정의는 앞으로도 계속 유효할 것이다. 그러나 의지를 관철하는 방식, 즉 전쟁의 특징은 시대 상황에 따라 가변적이다. 국가들로 이뤄진 세계에서는 무력 분쟁 발생 시 적어도 어느 일방은 국가행위자인 것이 일반적이다. 국가가 국제체제를 구성하고, 국제체제는 이러한 분쟁이 발생한 시점·방식·장소 및 원인을 결정한다. 또한 이용 가능한 기술은 분쟁에서 사용되는 무기를 결정하며, 부분적으로는 경제적 부를 군사력으로 변환시키는 능력을 결정한다. 미래 글로벌 트렌드를 좌우하는 핵심 요인은 기술, 국제체제, 거버넌스이다. 기술혁신의 속도(AI, 양자컴퓨팅, 자율시스템 등의 발전 속도)에 따라 2030~2050년 동안 국가/비국가 행위자가 활용할 수 있는 강압 수단이 결정된다. 또한 미국 주도의 국제질서가 신흥 강대국의 도전을 어떻게 극복할 수 있는지에 따라 다극체제의 형태가 결정될 것이다.

「전쟁양상」보고서는 미래 기술과 관련하여 '기술낙관론'과 '기술비관론'을 함께 제시했다. 먼저 '기술낙관론'이다. 낙관론자들은 2050년까지 자율시스템, 연결성이 향상된 센서, 3D 프린팅 등이 실현될 것으로 예견한다. 대략 2030년 경에는 자율드론과 자율차량, 무인선박이 운송 혁명을 일으킬 것이며, 자율로봇과 결합한 3D 프린팅은 에너지 수요와 인력노동을 줄이면서 생산성을 높일 것이다. 이 무렵 인간병사 對 무인장비 비율이 1:10으로 변화하여, 20명으로 편성된 1개 중대가 정찰(ISR), 직·간접 화력 제공 및 유지 등을 수행하는 200개 지상·공중 무인체계를 운용하게 될 것이다. 가장 중요한 잠재적 기술은 인공지능(AI)이다. AI는 증가하는 데이터 분석에 필요한 처리능력 면에서 4대 도전과제(규모, 속도, 복잡성, 내구성)를 극복할 것이다. 낙관적인 전망으로는 2030년부터 2050년 사이에 범용 인공지능이 출현할 것이며, 2036년까지 양자컴퓨팅이 광범위하게 사용될 것으로 보인다. 다음은 '기술비관론'이다. 비관론자에 의하면 기술혁신은 점진적으로 이뤄지며, 돌파구(Breakthroughs)는 예측이 불가능한 영역이다. 그래서 기술 잠재력의 실현이 어렵고 시간도 많이 걸린다. 따라서 AI를 포함하여 많은 기술들이 돌파구를 찾지 못한 채 답보상태에 빠질 수도 있다. 어떤 기술은 실험용이나 프로토타

입(Prototype)으로 성공하더라도 '규모의 경제(Economy of scale)'면에서 충분히 효과적이지 못할 수 있다. 대표적 사례가 생명공학이다. 지난 25년간 많은 의학발전이 의료장비나 수술에 적용되고 있지만, 유전자 치료법은 답보상태를 벗어나지 못하고 있다.

미 교육사의 「전쟁양상」보고서가 전망하는 국제체제는 기본적으로 다극체제이다. 경쟁적 다극체제는 전략적 경쟁을 증대시키기 쉬우며, 지역 강국의 '전략적 계산 착오'라는 위험을 초래한다. 국제체제에 대한 다양한 전망 중, 2030~2050년 시기에 국제체제가 보다 '파편화'될 가능성을 주장하는 견해가 대부분이다. 미래 국제체제를 전망한 211개 자료 중 약 80%가 국가 간 상대적 힘의 분포가 확대될 것으로 예상한다. 전체 자료의 30%는 세계질서의 전반적 붕괴를, 그리고 40%는 국제적 다극질서로의 전환을 각각 전망하고 있다. 절반가량의 자료들은 2030년까지 국제체제가 지금보다 훨씬 다극화될 것으로 전망하며, 향후 국제체제의 양상을 "다극체제"란 용어로 표현했다. 주목되는 것이 중국의 미래다. 「전쟁양상」보고서는 2030~2050년 미국의 가장 유력한 동급 경쟁국으로 중국을 지목하고, 향후 25년 동안 중국이 국제체제 형성에 가장 강력한 충격을 줄 수 있는 행위자로 꼽았다. 특히 중국을 "현존 국제질서에 대한 도전세력"이자 "국제규범의 변경 및 미국 영향력 최소화 등 새로운 질서를 구축"하려는 것으로 본다. 세력전이에 따른 강대국간 충돌의 가능성을 언급하지만 중국도 상당한 도전에 직면할 것으로 예견하고 있다. 일례로 중국의 국력성장은 2020~2030년간 인구통계학적 요인으로 상당히 둔화될 것이며, 수출주도 성장에서 국내 소비로 전환될 것이다. 2016년 정점을 찍은 노동력은 향후 30년 동안 16%까지 감소할 것이다. 요컨대, 중국은 국내적 압박으로 인해 공산화 100주년이 되는 2030~2049 년 기간 동안, 세계적 차원에서 미국에 도전하기에는 한계가 있을 것이다. 「전쟁양상」보고서는 미래분쟁과 관련, 기존 강대국에 대한 도발 비용을 낮추고 살상력이 증가된 기술 확산으로, 2030~2050년 기간에는 분쟁이 증가할 것으로 전망하고 있다. 대부분 주요 전구 전쟁을 예상하지 않았지만 미래전은 갈수록 국가 간-국가 내 분쟁의 혼합 양상을 보일 것으로 예상했다. 지역별로 태평양사(34%), 아프리카사(21%), 중부사(18%) 순으로 미래 분쟁이 발생할 것으로 예측됐다. 태평양사의 작전지역 내에서 분쟁이 발생할 가능성이 가장 높은 지역은 남중국해가 위치한 동남아시아(12%)와 동아시아(11%), 그리고 아프리카사 작전지역 내에서는 사하라사막 이남 지역(6%)과 북아프리카(4%)가 꼽혔다.

특히 동 보고서는 주한미군의 역할에 중요한 시사점을 제공했다. 보고서에 의하면, 2030~2050년간 미 육군은 ① 미국의 패권 약화에 따른 전반적 역할 축소, ② 다극체제 하에서의 역할 증대 (전구전쟁 억제 및 동맹공약 확인 등), ③ 미·중 충돌 가능성 증대에 따른 對中 군사억제 및 합동특임대 역할 증대, ④ 미·중 충돌 가능성 감소에 따른 역할 축소 및 전력 감축 요구 증대에 직면할 수 있다. 상기 내용이 미래 주한미군과 한·미동맹에 주는 의미는 다음과 같다. 첫째, 미국 패권이 약화될 경우, 주한미군은 현재의 역할 이상의 적극적 역할을 수행하지 않고, 전면전 억제 및 전면전 발발시 한국의 보호에 집중할 것이다. 문제는 한반도 전면전 발발시 중국이 군사적 개입의사를 표명하는 경우, 미국은 중국과의 전면전 회피를 위해 동맹 차원의 군사행동 중단을 강하게 요구할 가능성이 높다는 것이다. 우리 군은 이런 상황이 현실화 될 경우를 상정한 대응방안을 강구해야 한다. 둘째, '다극체제'가 도래할 경우, 주한미군은 미국의 대한반도 방위공약 재확인을 위해 적극적 역할을 수행할 것이다. 이 때 우리는 미래 동맹비전 정립을 통해 한·미동맹의 공고화를 꾀하고 안보 이익을 극대화하기 위해 한·미동맹/주한미군을 적극 활용하는 방안을 모색해야 한다. 셋째, 미·중 충돌 가능성이 증대할 경우, 주한미군은 대중 군사 견제의 비중을 높일 가능성이 크다. 이때 발생할 수 있는 한·미동맹의 주요 현안은 주한미군이 역외 지역에서 중국을 견제하기 위한 합동특임대(Joint Task Force)에 참여하는 문제다. 이와 관련, 주한미군 병력 조정, 재배치 및 주한미군의 전력 공백 보완 방안 등이 새롭게 검토되어야 한다. 넷째, 중국이 평화로운 부상에 전념할 경우, 주한미군 역할은 한반도에만 집중될 수 있다. 하지만 미·중 갈등 감소는 미국 내에서의 주한미군 전력 감축 요구의 증대로 이어질 수 있다. 미·중 갈등의 감소에도 북한의 군사 위협이 감소되지 않는다면, 한국은 주한미군 감축으로 발생한 전력 공백을 보완하기 위해, 자체 군사력 증강을 포함한 대안적 방안들을 적극 검토해야 할 것이다. 동 보고서에서 기술진보 뿐 아니라 기술비관론 차원에 대비해야 한다는 점을 잘 지적하고 있으며 특히 중국의 전면전 개입에 따른 군사행동 중단 가능성에 대비할 필요가 있다.

다섯째, 호주 국방부가 발표한 「Fufure Operating Environment(FOE) 2035」이다. 무엇보다 FOE는 미래 안보환경과 관련된 '기회요인'과 '도전요인'을 식별했다. 먼저 기회요인이다. ① 기술혁신이다. 호주는 지속적 경제성장의 보장과 글로벌 경제력이 아시아로 이동하는 이점의 활용을 위해 혁신문화(Culture of innovation)가 필요하다. 혁신문화는 경쟁·갈등이 고조되는 시기에 적응문화(Culture of adaptation)로의 전환을 더욱 용이하게 해 준다. ② 전문직업적 및 윤리적 군대이다. 호주는 군대에 계속해서 국내법·국제법을 따르는 적법하고 윤리적인 무력사용을 요구한다. 무엇보다도 프로페셔널하고 윤리적인 군대는 호주 정부에 하드파워와 소프트파워의 균형을 이루는 광범위한 전략적 옵션을 제공할 수 있다. ③ 군-군(Mil-Mil) 관계. 안보도전의 공유, 지역적 군 현대화, 인도주의적·환경적 위기에 대한 협력적 대응이다. 이러한 노력을 통해 지역적·글로벌 차원에서의 군-군 관계를 형성 및 심화시킬 수 있는 기회를 제공한다. ④ 민군협력이다. 국민에 서비스를 제공하는 국가의 능력은 갈수록 민군 협력관계의 수립에 기초하게 될 것이다. 갈등·전쟁의 항구적 현실은 전략적 목표가 군사적 수단만으로는 달성될 수 없음을 말해준다. ⑤ 사회적 다양성 제고이다. 이는 여성과 소수민족의 참여비율을 높여 호주군의 강점이 될 수 있다. 다음은 도전요인들이다. ① 기술적 동등성(Parity)이다. 역사적으로 미국은 동맹국들과 교리, 훈련, 기술적 우세 등을 공유함으로써 적대국의 군사적 이점을 상쇄시켜 왔다. 미래에는 기술적 우위가 혁신에 대한 투자보다는 윤리적 기준으로 좌우될 수 있다. ② 교역의 붕괴(Disruption)이다. 동맹국과의 무역 흐름과 글로벌 물류 체인의 붕괴는 호주군 능력에 손상을 입힐 수 있다. ③ 합법적 군사력 사용이다. 호주 사회는 정치적·국가적 안보 목표 달성을 위한 군사력 사용을 계속 지지하고 주시할 것이다.

호주의 FOE가 제시한 미래 분쟁의 맥락 중에서 주목되는 것은 '회색지대(Gray Zone)'와 '글로벌 공유지(Global Commons)'에 대한 부분이다. 특히 FOE는 '회색지대'의 위험을 경고했다. 공격적인 지정학적 재균형을 추구하는 국가와 비국가행위자는 '회색지대' 작전에 참여할 가능성이 높다. 이들은 응집력있고 통합된 캠페인을 통해 정치적 목표를 추구하고, 주로 비군사적 또는 비운동성(Non-kinetic) 도구를 사용하고, 재래식 분쟁을 피하기 위해 레드라인이나 확전의 문턱 아래에 머물며, 확정적 시한(Defined timeframes) 내에 결정적 결과를 달성하고자 목표를 향한 꾸준한 전진을 모색한다. 회색지대 전략의 핵심은 목표물에 난제(Conundrum)를 안겨주는 것이다. 이 개념은 새로운 것이 아니지만, 행위자들이 최첨단의 신흥기술을 새로운 방식으로 운용하는 능력은 기존 국제질서를 유지하려는 호주 및 다른 국가들에게 도전이 될 것이다. 다음은 '글로벌 공유지'이다. 2035년까지 글로벌 공유지는 지금보다 더 혼잡하고 경쟁이 치열할 것이다. 여기에는 일국의 영해를 넘어선 해양지역, 카르만선(Kármán line, 해발 100km 이상)을 넘는 우주 등이 포함된다. 또한 통신, 위치, 내비게이션, 타이밍 신호(Timing signal) 등과 관련하여 전자기 스펙트럼도 글로벌 공유지의 일부로 간주되어야 한다. 폭력적인 이념경쟁, 적대적인 지정학적 재균형, 범죄 네트워크는 모두 글로벌 공유지에 대한 접근 및 통제를 위한 경쟁에 기여할 것이다. 호주의 FOE 보고서가 제시한 기회와 도전의 제요소들은 우리에게 많은 시사점을 준다. 특히 회색지대에 대한 위협이나 글로벌 공유지에 대한 통제를 위해 우리가 호주 등과 적극 협력해야 한다는 시사점을 제공한다.

끝으로, 캐나다 국방부가 작성한 「The Future Security Environment (FSE) 2013-2040」이다. FSE에서 특별히 주목되는 사항은 다음 3가지이다. ① 중국의 역량이다. 중국의 놀라운 경제성장은 미래 국방정책 수립의 방향을 좌우하게 될 것이다. 일반적으로 중국의 국방정책은 중국의 평화로운 발전에 도움이 되는 안보환경의 조성을 위해 평화적 부상과 규칙기반 다극세계에 전념할 것으로 알려진다. 중국이 품고 있는 군사적

야망의 완전한 평가는 어렵지만, 중국이 지역적 영향력을 더욱 확대하고자 한다는 점에는 의심의 여지가 없다. 중국은 특히 미국이 서태평양 일대에서 활동할 수 있는 능력을 제한하는 조건을 만들기 위한 군사능력을 지속적으로 개발할 것이다. 구체적으로, 반접근/지역거부(AD/AD) 능력의 개발과 함께 단기간의 고강도 군사분쟁에서 승리할 수 있는 장기적 및 포괄적 군사 현대화 프로그램은 향후 수십년 이내로 역내 군사적 균형을 뒤바꿔 놓을 가능성이 있다. 중국의 군사력 증가와 반대로 미국이 갈수록 역내 미군 주둔에 어려움을 겪게 됨에 따라, 중국은 더욱 고압적 행보를 보이고 있다.

중국은 최근 들어 남중국해·동중국해 일대에서 중국, 일본, 베트남, 한국, 필리핀 등의 선박 및 단체들과 충돌을 벌였다. 국제법에 대한 중국식 해석은 국력신장의 결과물이다. 중국은 1996년 유엔해양법협약(UNCLOS)을 비준한 이래 UNCLOS의 규정, 특히 EEZ 관련 규정을 자국의 이익 보호에 필요하다고 간주되는 방식으로 해석하고 있다. 중국은 자국이 "지구상에서 가장 광활한(Expansive) 안보와 EEZ 주권"을 갖고 있다고 주장한다. 그러나 이는 국제해양법을 위반하는 사고이다. 따라서, 이로 인한 긴장이 대규모 지역 전쟁으로 이어지지는 않을 것이지만, 분쟁도서의 영유권 주장을 둘러싼 다툼은 계속될 것이다. 또한 대만의 '다툼의 여지가 많은(Contested)' 지위는 지역 안보를 넘어, 보다 넓은 차원에서의 안보에 함의를 주는 중요한 변수로 계속해서 남을 것이다. 실제로 앞으로도 중국의 주요 외교·국방정책에서 대만은 핵심 현안이 될 것이다. 전문가들에 의하면 중국 해군력의 신장은 대부분 대만분쟁에 개입하려는 미국의 군사력 투사를 방지하려는 열망에서 비롯된다. 따라서 비록 지정학적 추세에 따라 다극세계가 냉전시기와 유사한 군비경쟁을 초래하지 않더라도, 중국은 계속해서 범세계적 군사력 투사를 통하여 자국 영향력의 과시 및 유지에 나설 가능성이 높다.

② 북한의 위협이다. 북한의 행동과 국가 자체의 안정은 인접국, 미국과 캐나다 및 동맹국들의 영원한 관심사이다. 북한에서 발생할 수 있는 모든 시나리오(현상유지, 붕괴, 통일 등)는 이 지역에 중대한 영향을 미칠 것이다. 모든 시나리오에서 북한은 동북아의 불안정 요인으로 남을 것이다. 국제사회의 최대 관심사는 북한의 재래식 군사력과 핵능력이다. 일부 전문가들은 북한이 당면한 국내적 도전과제들로 인해 시간이 지남에 따라 취약성이 높아지고 정치적 붕괴로 이어져, 결국에는 남한에 의한 한반도 통일이 이뤄질 가능성이 높다고 주장한다. 그러나 그러한 붕괴 시나리오가 실현될 지 여부는 확실하지 않다. 오히려 가장 일반적으로 검토되는 상황은 북한의 계속적인 지역적 군사도발, 군사관련 품목들의 확산, 장거리 미사일 개발, WMD 프로그램, 핵실험 등이다. 장기적으로 한반도 통일은 역내 세력구도를 근본적으로 변화시킬 수 있다. 그러나 이런 일이 벌어지려면 수십년이 걸릴 것이다. 특히 국제사회의 관심사는 북한의 핵무기와 탄도미사일 프로그램이다. 북한이 핵무기를 원하는 이유는 이를 "다른 정치적·안보적 약점에 대한 보상"으로 간주하기 때문이다. 북한 비핵화는 국제사회의 최우선 과제로 남을 것이다. 중·단기적 전망에 의하면 북한은 여전히 예측 불가능하다. 외교적 노력은 동북아에서의 분쟁위험 최소화에 초점을 맞출 것이다.

③ 미래 전쟁양상이다. FSE에 의하면, 미래의 국가간 전쟁에서 비정규전은 대개 초국가적 범죄, 국제 테러집단 및 반군집단과 연관된 "하이브리드(hybrid)" 특성을 보일 것이다. 여기서 '하이브리드 전쟁'이란 단지 전쟁에 대한 재래전 및 비정규전(또는 비대칭전) 방식의 혼합을 의미한

다. 하이브리드 기법을 구사하는 적대국은 우리의 취약점을 표적으로 삼도록 특별히 구상된 독특한 능력의 조합을 사용할 수 있다. 그러한 적들은 서방국들의 정치적-전략적 목표를 훼손시킬 수 있을 정도로 충분히 오랫동안 분쟁에서 군사적 결정을 차단(Forestall)할 수 있는 능력을 보유할 가능성이 있다. 여기서 가장 중요한 함의는 서방국 군대가 분쟁 스펙트럼의 최하단에서 벌어지는 도전을 해결하는데 적합한 훈련과 전통적인 기동전 수행능력 간의 균형을 유지하도록 훈련해야 한다는 점이다. 캐나다의 FSE 보고서 역시 중국의 성장과 북한의 불확실성이 초래하는 위협에 방점을 두고 있으며 우리의 취약점을 정조준하는 적대국들의 회색지대 전략의 중요성을 강조하고 있다. 이러한 위협이 향후 20년 간 지속적으로 확대될 것임을 암시하고 있다.

IV. 미래 국방환경 전망 시나리오와 예상되는 안보위협 요인

미국 국가정보위의 「GT 2040」에 제시된 5개 시나리오를 면밀히 살펴보면, '미국과 중국'이라는 공통 키워드가 발견된다. 비록 보고서가 명시적으로 표현하지 않았지만, ①번의 '민주적 르네상스'는 미국 주도, ②번의 '세계적 표류'는 중국 주도, ③번의 '경쟁적 공존'은 미·중 대결 ④번의 '분절적 다극체제'는 미·중 디커플링, ⑤번의 '재앙과 동원'은 미·중 공히 약화를 각각 상정하고 있음을 알 수 있다. 또한 미·중 대결구도의 관점에서 보면, 가장 '낙관적'인 시나리오는 ①번, 가장 '비관적'인 시나리오는 ⑤번, 발생 가능성이 상대적으로 높은 시나리오는 ②~④번, 그중에서도 가장 '현실적'인 시나리오는 ③번으로 평가된다. 그러므로, '미국·중국'이라는 요인은 양자관계를 훨씬 뛰어넘어, 글로벌 트렌드의 향배를 좌우하는 '체계적' 요인으로 보는 것이 타당할 것이다. 또한 2040 국방환경 전망에 포함시켜야 할 '양자적' 요인이지만 '체계적' 요인까지로 보기 어려운 요인은 '중국·러시아' 관계이다. 그 이유는 중·러야말로 미국과 서방국들이 주도하는 기존 국제질서의 대체를 꿈꾸는 수정주의 세력의 핵심이기 때문이다. 다음으로 고려되어야 할 요인은 북한이다. 「GT 2040」은 북한을 이란과 더불어 '교란자(Spoiler)'로 표현했다. 이유는 이들이 자국의 목적과 이익의 달성을 위해 끊임없이 도발을 추구함으로써 지역 내 변동성(Volatility)과 불확실성을 가중시키기 때문이다. 보고서는 미국이 공약한 핵우산의 신뢰성을 둘러싼 한국과 일본의 의구심으로 인해 이들이 갈수록 독자적 군 현대화를 추진하고, 나아가 자체 핵무기 프로그램마저 추구할 가능성을 적시했다. 끝으로 마땅히 포함되어야 할 요인은 북한위협에 대응하기 위한 한·미동맹이다.

본 연구는 '미래 국방환경'과 관련된 3개의 시나리오를 제시하고자 한다. 동 시나리오는 미·중 관계, 북한위협(핵·미사일, 생·화학무기 등 대량살상무기 위협 중심), 한·미관계 등의 3개 요인을 중심으로 구성되어 있다. ① 시나리오 1은 '민주적 르네상스'로, 중국이 기존 질서에 순응 및 편승하는 상황이다. 핵 보유량이 200발을 넘어섬에 따라 '양의 질로의 전화(轉化)의 법칙'이 작용하기 시작하여, 북한의 핵전략이 체제생존을 위한 '억제'에서 남한 인질화를 위한 '강압'으로 전환하게 될 것이다. 따라서 북한위협 심화로 우리의 MD 편입 등을 포함하여 더욱 한·미 동맹관계가 강화되어야 하며, 전작권 전환도 특정시기를 못박지 않고 '3대 조건'의 적절성을 평가해야 한다. 이때 국가 안보목표는 공고한 한·미동맹을 유지하는 가운데, 미국의 對중국 견제에 동참해야 한다. ② 시나리오 2는 '경쟁적 공존' 상황으로, 미·중간 패권경쟁이 심화되는 가운데 중국의 역량이 급격히 증가되는 상황이다. 북한과 관련해서는 핵·미사일 능력의 고도화로 핵보유량이 지속적으로 증가하지만, 장기간 누적된 국제사회의 대북제재 효과로 인해 내부분열 가능성이 높아지기 시작할 것이다. 이로 인해 북핵위협이 시나리오 1보다 다소 감소할 것이지만, 북한 체제의 정정불안 요소가 확대될 것이다. 이런 상황에서 한·미동맹은 우주·사이버, 나아가 역외 지역(북극, 중동지역 포함)으로 활동범위가 확장되어야 한다. 동시에 우리 군은 북한의 내부적 체제 불안에 대비한 부대구조/전력구조 등에서의 적응과 변화가 요구된다. 시나리오 2에서 국가안보 목표는 대북 억제에서 대중 견제로 방점이 전환될 것이다. ③ 시나리오 3은 '세계적 표류'로, 중국이 역내에서 미국보다 상대적 우위를 장악하는 반면, 미국이 역내 영향력을 상실하는 상황이다. 북한 핵문제는 시나리오 2와 동일하다. 다만 국가 안보 목표 면에서 이미 '사실상'의 차원을 넘어 북한의 '실질적' 핵보유국 지위가 명확해 짐에 따라, 독자적 생존을 위한 자체 핵무장(핵경쟁이 아니라, 한반도 비핵화 달성을 목표로 하는 '조건부') 또는 전술핵 재반입 등이 이뤄질 가능성이 있다. 이렇게 되면 현재의 한·미동맹은 한국의 NPT '시한부' 탈퇴, 對韓 제재 조치 필요성 등으로 인해 사상 초유의 변혁적 상황에 놓이게 될 전망이다. 상기 3개 중에서 가장 실현 가능성이 높은 시나리오는 2번(패권경쟁 심화/'경쟁적 공존')이다. 따라서 논의의 초점은 시나리오 2에 맞추는 것이 바람직하다. 이는 〈그림 1〉 '대안적 미래 세계질서' 중에서 '다극세계'와 유사한 시나리오다. 그러므로 2040년 시점에 미·중 양대 강국이 국제질서의 주요 행위자로서 인접국 또는 동맹국·우방국들 중심으로 블록을 형성하고, 블록간 권력/영향력을 놓고 서로 경쟁하는 상황이 가장 유력한 것으로 평가된다.

〈표 1〉 '미래 한반도의 국방환경 전망' 시나리오(예시)

구분	중국	북한 비핵화	한미동맹	목표(한국)
시나리오 1	기존 질서에 편승 ('민주적 르네상스')	• 북한핵 고도화	• 한미 확장억 제 구체화	북한 위협 억제/대응
시나리오 2	패권경쟁 심화 ('경쟁적 공존')	• 내부 분열 가능성 • 핵위협 일부 상쇄	• 강화/확장 (MD에 편입 검토)	對中 견제 강화
시나리오 3	역내 우위 장악 ('세계적 표류')	(200발 이상) • 핵군축 협상 요구	• 변혁 (NPT 탈퇴 등)	독자 생존 (핵무장 등)

　미래 국방환경 하에서 예상되는 안보위협 요인들은 다음과 같이 식별되는 것으로 평가된다. 첫째. 미·중 전략경쟁이다. 앞서 「Global Trend 2040」이 제시한 5개 시나리오 중에서 가장 가능성이 높은 것은 미·중 '경쟁적 공존'이다, 이는 기존 강대국인 미국과 신흥 도전국인 중국 사이에서 글로벌 패권을 둘러싼 세력경쟁이 갈수록 심화될 것임을 예고한다. 아마도 21세기 최대의 미스터리는 신종 코로나바이러스라는 인류 공동의 위협에 직면하여 미국과 중국이 협력·협조와 파트너십이 아니라 대립·갈등과 충돌의 코스를 선택한 것으로 보인다는 점이다. 이에 따라 '신냉전' 또는 '냉전 2.0'에 대한 우려의 목소리가 점차 높아지고 있다. 2차 세계대전 이후 미국과 소련 간의 냉전은 1991년까지 반세기에도 미치지 못하는 기간에만 지속되었다. 그러나 미국과 중국 간의 신냉전이 얼마나 오래 지속될 것인지는 누구도 예측하기 어렵다. 분명한 것은 2040~50년 대가 되어도 미·중 신냉전이 여전히 현재진행형인 상태로 남아 있을 것이라는 점이다. 지난 2021년 12월 15일 필자가 미 인도·태평양사령관

아퀼리노 제독을 만났을 때 그는 인도 태평양전략 차원에서 미국은 동맹과 함께 협력할 것이며 중국의 어떠한 위협과 도전에 대해서도 충분히 대처할 수 있는 만반의 준비를 갖추고 있다고 강조하면서 한·미·일 3국간 안보협력의 복원과 지역내 동맹국들의 광범위한 협력을 확보하는 것이 자신의 임무라고 답했다. 물론 3차 세계 대전쟁이 벌어질 가능성은 희박하지만, 가장 위험한 시나리오는 제한된 규모의 재래식 전투가 핵전쟁으로 전이 되는 상황이다. 2021년 11월 1일 미 국방부에서 발표한 중국군사력 보고서에 따르면 중국은 2030년까지 적어도 1,000개 이상 핵을 보유하게 될 것으로 전망했다. 이어서 동년 11월 17일 발표된 미·중 경제안보 검토위원회의 연례보고서에서도 중국이 대만에 핵사용을 선제적으로 할 수 있으며, 미국의 억제 역량을 무너뜨릴 수 있음을 경고하고 있다. 이 보고서 역시 중국이 향후 10년간 400개 이상 핵탄두를 추가 생산할 수 있다고 전망했다. 미국의 RAND 연구소와 한국의 아산정책연구원의 공동연구에 따르면 2027년까지 북한도 최대 240여개의 핵탄두를 확보할 수 있다고 전망했다. 미국의 입장에서 중국이 개발 후 실전배치한 극초음속 미사일 DF-17은 미 인도태평양 함대의 전략자산과 괌, 하와이를 타격할 수 있다는 점에서 상당한 위협이 아닐 수 없다. 북한 역시 작년 9월 28일 극초음속 미사일 화성 8호를 시험 발사한 이후 90일 만인 2022년 1월 5일과 11일 추가로 극초음속 미사일들을 발사함으로써 주한미군과 주일미군에 대한 위협을 확대하고 있다. 이는 우리의 입장에서 북한만을 상대로 하는 억제 개념으로 충분하지 않다는 점을 시사한다. 최근 중국은 우주공간에서의 군사력 확장에 집중하고 있으며 미국을 대상으로 A2/AD를 구현하기 위한 첨단 무기체계 확보와 합동훈련 역량을 대폭 강화하고 있다. 동아시아 지역을 무대로 러시아와의 군사공조와 연합훈련에도 적극 참여하고 있다. 최악의 시나리오에서는 제한적 핵전쟁이 스스로를 방어할 수 있는 마지막 실행 가능한 옵션이라는 결론이다. 결국 가장 우려스러운 발화점은 대만이다. 대만 문제에 관한 한, 현재 상태(Status quo)의 유지를 원하는 미국의 희망과 대만 통일을 염원하는 중국의 수정주의적 결의 간에 타협점을 찾기 어렵다. 중국은 대만 통일 달성을 위한 정치적·군사적 기회의 창(Window of opportunity)이 닫히는 것으로 판단할 경우, 언제든지 공군력과 해군력을 사용하여 대만항구 봉쇄나 대만에 대한 공중공격 등에 나설 수 있다. 이러한 우려는 지난 2021년 11월 로이터가 발간한 6가지 타이완 침공 워게임 시나리오에 아주 잘 나타나 있다. 만약 중국이 속전속결로 이런 침공을 단행한다면 미국이 비록 개입할 의무는 없지만, 대만관계법(Taiwan Relations Act) 제2조 b-4항에 의해 개입할 가능성이 매우 크다. 미국은 서태평양지역의 평화와 안정 및 미국의 핵심 이익에 위협이 된다고 판단되면, "평화적 수단 이외의 방식(Other than peaceful means)"으로 대응할 수 있도록 법안에 명문화하고 있기 때문이다. 만일 미국이 중국의 대만점령 사태에 직접 개입한다면, 21세기 최초의 강대국 전쟁이 벌어지게 될 것이다. 사실 미국은 대만사태와 관련하여 '전략적 모호성(Ambiguity)'과 '전략적 명확성(Clarity)' 간의 딜레마를 겪고 있다. 전자는 1979년 중국과 수교 이후 양안 관계를 다루는 정책의 근간이다. 그런데 트럼프 행정부에서 바이든 행정부에 이르는 동안 전략적 명확성으로 이동하는 조짐이 보인다. 일례로 트럼프는 대통령 당선인 신분이던 2016년에 대만의 차이잉원(蔡英文) 총통에게 직접 전화를 거는 파격적 행보를 보였다. 바이든 대통령은 한발 더 나아가 "미국은 대만을 방어할 것인가?"라는 질문에 "우리는 그럴 의무(Commitment)가 있다"고 답변했다. 대만 방어와 관련하여 기존의 입장과 선명한 대조를 이루는 것으로 해석되어 대중국 정책에 커다란 변화가 발생했다는 논란과 함께 중국 정부가 강력하게 항의하자, 백악관과 펜타곤은 하나의 중국 원칙과 대중국 정책에 변화가 없다고 서둘러 진화에 나섰다. 그러나 상기 행보는 중국의 대만침공 시도를 좌시하지 않겠다는 미국의 의지를 강력히 암시한다. 그러므로 우리 입장에서는 향후 대만 문제를 둘러싸고 미·중 충돌이 발생하여, 미국이 동맹국들을 대상으로 지원과 협조를 요청하는 경우, 어떻게 대응할 것인지에 대한 우발계획을 수립해 놓아야 한다. 대만 위기가 우리에게 '강 건너 불구경'이 아니기 때문이다.

둘째, 중국의 직접적 군사 위협에도 대비할 필요가 있다. 일례로 미 국방부 전략·전력담당 부차관보를 지낸 콜비(Elbridge Colby)는 지금까지 한국군과 한·미 연합군이 북한의 실질적/직접적 위협에만 초점을 맞췄지만, 향후 10년 뒤에는 한국이 중국의 군사적 위협에 직면하게 될 것이라고 경고했다. 그가 주목한 포인트는 자국 편에 서도록 강요하기 위해 "중국이 군사력을 사용할 동기를 반드시 갖게 된다"는 점이다. 대상은 미국뿐 아니라, 인도, 호주, 일본, 대만, 베트남 등도 마찬가지이다. 콜비 부차관보에 의하면 중국은 한국 영토 일부의 점령, 군사시설이나 선박 공격, 공격·겁박·봉쇄·제재의 혼합, 북한과 공조한 침공 등 다양한 방책을 갖고 있다. 한국이 중국의 압박에 굴복하여 동맹 전선에서 이탈하면 미국의 대외 신뢰성에 막대한 타격을 주며, 미국 중심의 반중국 연합세력의 붕괴를 초래할 수 있기 때문이다. 따라서 한국군과 주한미군은 중국의 잠재적 공격으로부터 한국을 어떻게 방어할 것인지를 지금부터 고민해야 한다. 그 첫걸음은 중국이 한국을 겨냥한 다양한 군사적 옵션을 갖고 있다는 점을 이해하는 것이다. 이와 관련, 2020년 우리 군도 "중국

지상군의 작전수행 양상 및 북부 전구 작전수행 역량"이란 제목의 외부 용역과제를 선정하여 연구를 의뢰한 바 있다. 잘 알려져 있다시피, 시진 핑은 '중국몽'을 뒷받침하기 위해 '강군몽' 실현의 일환으로 대대적 국방 개혁을 추진했고, 2016년 2월 북부 전구를 새롭게 보강 편성했다. 중국 의 7대 군구(大軍區) 중 하나로 한반도 유사시에 대비하는 임무를 맡아온 선양(瀋陽)군구가 체제 개편에 따라 북부전구(戰區)로 명칭이 변경되었 다. 3개 집단군 사령부가 위치한 창춘-랴오양-웨이팡을 하나의 선으로 연결시키면서, 중국이 의도하는 '전략 방향'이 한반도를 겨냥하고 있음이 분명하게 드러나 있다. 또한 북한 신의주 인근에 위치한 80집단군은 기 계화 집단군이다. 이는 중국이 유사시 한반도 투입에 대비하고 있음을 강력히 암시한다. 가장 우려되는 것이 중국해군의 서해 영해 침범이다. 2020년 말 서해 일대에서 움직이던 중국의 해군 경비정이 동경 124도를 넘어 동쪽으로 들어왔다. 동경 124도는 중국이 '해상작전구역(AO) 경계 선'이라고 주장하며 일방적으로 그어놓은 선이다. 중국 군함은 이 선을 넘어 10㎞가량을 더 들어왔다. 명백한 영해 침범이다. 합동참모본부와 해군에 따르면 중국 경비함은 동경 123~124도 사이 해역에 거의 매일 수척이 출몰한다. 공중에서도 마찬가지다. 중국 해상초계기가 동경 123~124도 상공에 거의 매일 수 차례씩 비행한다. 2019년 7월 23일 중국은 러시아 폭격기와 함께 우리의 KADIZ 영공을 침범한 데 이어 2021년 11월 19일에도 다시 연합으로 영공을 침범했다. 중국과 러시아 의 의도적 침공은 한일관계가 소홀한 점에 대한 전략적 고려가 포함된 것으로 보이며 앞으로도 이런 합동작전은 계속될 것으로 보인다.

　서해를 내해(內海)화하려는 중국의 시도는 생각보다 심각하다. 남중국 해에서 공세적 영역 확장으로 미군의 진입을 차단하는 데 이어, 서해에서도 해·공군력을 우리 쪽으로 더욱 근접시키면서 활동 범위를 넓혀가고 있으며 서해를 중국의 호수로 만들려는 '기정사실화(fait accompli)' 전략이다. 실제로 이러한 행동은 점차 과감해지고 있으며 최근 중국은 한국의 구축함을 대상으로 드론을 투사한 적이 있다. 그럼에도 불구하고, 중국은 우리 정부가 정치적 이유로 이에 대해 항의하지 않는 점을 십분 활용하고 있다. 이러한 기정사실화가 누적되면 앞으로는 더욱 중국의 공세에 대처하기 어려워진다. 우리는 이미 서해안에서 한·미연합훈련을 못하고 있고 군산 앞바다까지 올라오던 미국 항공모함도 2012년 이후 지금까지 항행이 중단된 상태이다. 해양 안보 차원에서 한중관계를 섣불리 악화시킬 필요는 없으나, 한·미 양국의 소극적 태도로 인해 중국의 일방적 주장이 합리화되고 인정되는 일은 방지되어야 한다.

셋째, 중국의 '회색지대(Gray Zone)' 전략이다. 2019년 RAND 연구소는 중국이 국제분쟁 수역인 동중국해·남중국해 일대에 대한 지배력 강화를 위해 의도적으로 '회색지대 전략'을 구사하고 있다며 이에 대한 미국의 대응책을 촉구하는 보고서를 발표했다. 여기서 말하는 '회색지대 전략'이란 정규군이 아닌 해상민병대나 민간인 선원을 앞세워 도발하는 수법을 의미한다. 중국이 이 일대에서 구사하는 수법은 인공섬 구축, 군사행동을 취하는 경우에 정규군이 아닌 민병대나 어민, 해안경비대 등을 앞세우는 방식 등이다. 중국의 회색지대 전략은 다섯가지 특징을 보인다. ① 중국 국내법에 근거한 분쟁수역의 영유권 주장이다. 중국 공산당은 1992년 중국 국내법에 근해 영유권 주장을 성문화하여 중국이 주변 해역과 함께 동·남중국해 분쟁지역에 대한 관할권을 보유하고 있다고 선언하고 있다. ② 미소외교(Smile diplomacy)이다. 2000년대부터 중국은 명조 당시의 해외 원정을 단행한 '정화(鄭和) 함대'가 영토 정복이 아니라 동남아시아·남아시아 일대에서 약한 이웃들을 학대하지 않고, 이들을 안심시켜 조공체계를 정착시키려 노력했다고 선전하고 있다. '미소외교'는 '조화로운 세계(Harmonized world)'를 앞세워 주변국들의 적대감이나 경계심을 누그러뜨리려는 의도를 갖고 있다. ③ '작은 막대기(Small-stick)'이론이다. 이는 해군력의 '큰 막대기'를 휘두르기보다는 해안경비대 정도 밖에 보유하지 못한 아시아 인접국들을 겁주기에 충분하면서도, 미국이 동맹국과 우방국을 방어하기 위해 해군함정을 보내기에는 너무 작은 정도의 '막대기'를 사용하겠다는 의미이다. 아시아 인접국들에 대한 '일상적 괴롭힘(Routine harassment)'이 여기에 해당된다. ④ 조어도(중국: 댜오위다오, 일본: 센카쿠) 일대에 대한 일본의 행정통제 무력화이다. 이는 '작은 막대기' 수법의 변형으로, 도발적·자극적 모양새를 자제하면서도 실제로는 현상변경을 시도하는 은밀한 형태로 나타난다. 중국은 어선이나 해군함정을 이 일대에 주기적으로 진입시켜, 마치 이곳이 중국-일본의 공동관리 구역처럼 변하고 있다. ⑤ 인공섬 구축 또한 심각하다. 일례로 1994년 중국은 필리핀의 EEZ 깊숙이 위치한 미스치프 리프(Mischief Reef)를 차지한 다음, 이곳에 구조물 건설을 시작하여 1998년 군사 전초기지로 전환하고, 2016년에는 활주로를 개설하고 방어무기도 배치했다. 이는 주변 일대의 군사화 작업과 병행하여, 국제분쟁수역을 자국의 영해로 만드는 '기정사실화 수법', 즉 전형적인 회색지대 전략의 일부이다. 혹자는 이러한 위협이 남중국해 갈등을 경험하고 있는 동남아 국가들이나 일본, 미국을 대상으로 하는 위협이라 생각하지만 실제로 이들의 영향력이 점차 제주 남방의 이어도 지역을 거쳐 동해상과 알류산 열도를 경유 북극해로 연결된다는 점에서 사태의 심각성이 있다. 특히 이들의 모항과의 거리가 근접할수록 활동량이 확대되는데 이들은 해남도가 아닌 북부함대, 동해함대에서도 출발하고 있다. 이들 해상 민병대의 활동이 우리의 서해, 남해 및 동해와 연결되어 있다는 점에서 직접적 연관이 된다. 결국 중국의 일대일로의 출발점이 서해이며 이들이 동해로 자신들의 영향력을 확장하게 되면서 자연스레 한반도 영해가 활동무대가 될 수밖에 없다. 2021년 발효된 중국의 해경법과 해상안전법은 모두 우리 어선 및 경비함들과 갈등 관계를 내포하고 있다. 우리 어선들이 피해를 볼 수 있으며, 자유로운 항행과 조업에 지장을 초래할 수 있다.

넷째, '확전우세(Escalation dominance)'의 문제점이다. 러시아의 하이브리드 전략이 2014년 우크라이나(크림반도 점령) 사태에서 위력을 발휘한 것은 우크라이나의 머리 위에서 얼씬거리는 '핵 그림자(Nuclear shadow)' 덕분이다. 이는 우발적·실수, 혹은 의도적으로 핵무기의 실제 사용 가능성을 보여준다. 확전 우세는 어느 일방이 상대방에게 불리하거나 감당할 수 없는 비용을 강요하는 방식으로 갈등을 확대(Escalate)시킬 수 있는 능력을 보유한 반면, 다른 일방은 확전의 대안이 부재하거나, 가용한 대안이 자신의 상황을 개선시킬 수 없다는 이유 등으로 인해 동일한 방식으로 맞대응할 수 없는 상태를 말한다. 중국은 전세계에서 가장 먼저 핵무기 '선제불사용(No-First-Use)' 원칙을 선언한 국가다. 그러나 전문가들은 중국의 선제불사용 원칙이 '허구(Fiction)'에 불과하며, 서방의 반핵 활동가를 앞세워 미국의 핵 프로그램과 핵 능력에 굴레를 씌우기 위한 허위정보 캠페인으로 평가한다. 이런 면에서 중국의 대대적인 핵전력 증강 움직임은 미국의 INF 철회를 결정하게 했으며, 이로 인한 미측의 중거리 미사일이 한반도에 배치될 경우, 중국은 대한민국에 대해 직접적인 보복 수단을 강구할 가능성이 크다. 결국 강대국 분쟁이 발생할 경우, 핵무기가 사용되지 않는 상황의 상정이 불가능하다. 그러므로 러시아와 마찬가지로 중국발 '확전우세' 위협의 가능성도 충분히 염두에 두어야 할 것이다.

다섯째, '재귀통제(Reflexive control)'의 위험성이다. 러시아가 우크라이나에서 선보인 하이브리드 전략은 정보전 측면에서 정보의 무기화, '전쟁의 안개(Fog of war)' 조성, 현실 재창조(Reinvention), 재귀통제 같은 특징들을 보여주고 있다. '재귀통제'란 소련의 심리학자 레페브르(Vladimir Lefebvre)가 적의 의사결정 과정을 통제하고 영향력을 행사하는 방법을 연구하면서 개발한 이론에서 나온 용어다. '재귀통제'에 조응하는 개념이 중국의 소위 삼전(三戰)전략이다. 법률전·여론전·심리전으로 구성된 삼전전략의 목표는 군사/비군사활동으로 국제적 영향력, 우호적 반응, 정당성 확보 등으로 경쟁대상보다 전략적 우위를 차지하는 것이다. 대표적 사례가 남중국해에 구축된 A2/AD 네트워크다. A2/AD의 핵심 목적은 미국의 개입을 차단하는 억제력을 발휘하여 '기정사실화' 수법으로 싸우지 않고 이기는 '부전승'이다. 중국공산당은 재귀통제의 구사에 능하다. 중국은 자신을 역내 평화·안정·안보의 수호자로 묘사하면서도, 남중국해 분쟁이 외교적/경제적 수준으로 국한될 것으로 확신할 수 있는 충분한 군사적 억제력을 배경으로 삼아, 영토분쟁과 해상분쟁에서 공격적 입장을 취하려 한다. '재귀통제'와 일맥상통하는 '삼전전략'이 구사된 또 다른 사례가 우리를 겨냥한 사드(THAAD) 보복이다. 삼전전략 중에서 심리전은 상대국의 여론을 악화시키고 최고지도자를 곤경에 빠뜨리는 것을 목표로 한다. 실제로 중국의 경제보복은 박근혜, 문재인 두 대통령을 크게 흔들었다. 사드보복은 경제제재를 통해 중국의 전략적 이익에 부합하는 정책 결정을 강요하려는 재귀통제의 대표적 수법이다.

요컨대, 여론전의 주된 수단은 뉴스 미디어다. 미디어 보도 뿐 아니라 문화를 통한 압박도 진행 중이다. 한한령은 여전히 풀리지 않고 있으며 한국산 영화와 TV 프로그램, 책의 배급과 주요 연예인들의 출입국 등에 제한을 가하고 있다. 심리전의 최종 목표는 의문을 조장해 상대 지도자에 반감을 부르고 결정 능력을 파괴하는 것이다. 법률전은 중국을 선례와 법률에 따라 합리적인 내용으로 포장하고 상대의 행동을 불법화하는 데 초점을 맞춘다. 앞으로도 중국은 삼전전략을 통하여 자국이 원하는 바를 우리가 스스로 행동에 옮기도록 강요하고 압박하기 위한 재귀통제 수법을 더욱 빈번하고 더욱 집요하게 구사할 것임을 예고한다.

여섯째, 북한으로부터 제기될 수 있는 다양한 안보 위협이다. ① 7차 핵실험 가능성이다. 한때 북한이 "사상 최대 위력을 가진 7차 핵실험"을 감행한 뒤, 그 직후 김정은이 산업발전에 전념할 것이라는 내용이 알려지기도 했다. 그러나 전문가들에 의하면 이미 6차례 핵실험을 마친 북한에게 7차 핵실험은 "무의미"하다. 역사적으로 대부분 핵보유국들은 6차 실험에서 멈췄다. 그러나 북한의 경우 핵 EMP탄, 중성자탄, 대규모 방사능오염탄, 코발트탄(EMP증폭탄), 열화우라늄탄 같은 신종무기로 대기권 실험을 시도할 수 있다. 설령 북한이 핵실험을 추가로 하지 않는다 해도 핵실험이 완전히 종결되는 것이 아니고, 다른 형태로 시도할 수 있다는 것이다. 더 큰 문제는 북한이 이런 것들을 "동시다발로 준비"해 놓았을 가능성이 크다는 점이다. ② 다양한 종류의 저강도 도발 가능성이다. 지금까지 북한이 저지른 도발의 유형은 항공기/어선 납치, 무장공비/특수부대 침투, 폭탄테러, 테러위협, 암살, 잠수함 침투, 해상공격(연평해전과 천안함 폭침), 핵실험 및 미사일 시험발사 등이다. 향후 20년 간 예상할 수 있는 도발 가능성은 다음과 같다. JSA(공동경비구역) 재무장(2018년

10월에 철수했던 화기·탄약 재반입 등), NLL에 대한 의도적 월선(조업 기간중 중국/북한 어선 통제를 명목으로), 비무장지대 GP 철거지역에 임시 건물/시설 구축, 군사분계선(MDL) 및 NLL 일대에 대대적인 전력증강, 군사합의 금지사항의 적극적 위반(군사분계선 5km 이내 포사격 및 연대급 이상 야외 기동훈련 재개 등), 공세적 군사행동(MDL/NLL 일대에서의 포사격 등), 그 외 우리 선박/함정/영토에 대한 포격 및 나포도 가능하며 이러한 가능성은 위기를 촉발시킬 수 있다.

③ '안정-불안정 역설(Stability-Instability Paradox)'의 문제이다. 김정은은 2021년 제8차 당대회에서 미국에게는 적대정책 철회, 남측에는 남북관계 이행 합의를 각각 요구하면서, "우리의 국가방위력이 적대세력들의 위협을 영토 밖에서 선제적으로 제압할 수 있는 수준으로 올라선 것만큼 앞으로 한반도의 정세 격화는 곧 우리를 위협하는 세력들의 안보 불안정으로 이어질 것"이라고 경고했다. 북한을 핵보유국으로 인정하고 대북제재를 해제하지 않으면 대미·대남 도발을 통한 긴장 조성으로 안보 불안감을 극대화시키겠다는 일종의 협박이다. 이는 글렌 스나이더가 제시한 '안정·불안정 역설'이 한반도에서 벌어질 가능성을 암시한다. '안정·불안정 역설'이란 제2격(Second strike) 능력을 보유하게 되면 재래식 전쟁이 벌어질 가능성이 오히려 높아진다는 주장이다. 이런 현상은 인도-파키스탄 관계에서도 목격된다. 핵보유국 인도는 군사력과 경제력에서 파키스탄을 압도하지만, 독자적 핵전력을 보유한 파키스탄의 도발을 제대로 억제하지 못하는 딜레마를 겪고 있다. 안정-불안정 역설에 따르면 한반도에서 전면전이 발발할 가능성은 줄어들지만, 전술적 차원에서의 국지도발이나 소규모 충돌 가능성은 오히려 늘어날 것이다. 핵능력 고도화에 매진하고 있는 북한은 이를 기반으로 현상 변경과 현상 타파를

끊임없이 시도할 것이다. 인도·파키스탄 사례에서 보듯, 한국의 단독 역량만으로는 북한의 기습적 국지도발과 위기 조장 시도를 억제하기 어려울 것이다. 한반도에서 북한의 핵독점 상황이 굳어짐에 따라 북한은 유사시 미국으로부터의 핵보복을 제2격 능력으로 충분히 억제할 수 있다고 판단하는 경우에 도달하면 남한 핵인질화 구도의 영속화, 자신의 의도에 부합되는 방향으로의 대북정책과 대북지원 추진, 나아가 중·장기적으로 대북제재 해제 등에 나서도록 요구하는 강압 전략을 자유자재로 구사할 것이다.

V. '한국형 상쇄전략' 어떻게 추진해야 하나?

북한도 상쇄전략을 꾸준히 개발해온 셈이다. 북한은 '주체사상'에 입각한 '국방에서의 자위' 원칙에 따라 1962년 4대 군사노선을 채택하고, 군사력을 지속적으로 증강했다. 김정은 집권 이후 '정치사상 강군화, 도덕 강군화, 전법 강군화, 다병종 강군화의 4대 전략적 노선'을 새로이 제시했다. 이는 '북한식 상쇄전략'인 셈이다. 북한은 기습전·배합전·속전속결전 중심의 군사전략을 유지한 가운데, 선별적인 재래식 무기성능 개량과 함께 핵·미사일, 생화학무기, 장사정포, 잠수함, 특수전부대, 사이버부대 등 비대칭 전력 증강에 집중하고 있다. 2019년 5월부터는 고체연료 기반의 신형 단거리탄도미사일 시험발사, 나아가 특히 6,800여명의 인력을 운영하며 사이버 전력을 대폭 증강했다. 뿐만 아니라, 북한군은 유사시 비대칭전력 위주로 기습공격을 시도하여 유리한 여건을 조성한 후 조기에 전쟁을 종결하려 할 가능성이 높다. 미 RAND 연구소와 한국의 아산정책연구원이 2021년 발표한 북핵 위협 보고서("Countering the Risks of North Korean Nuclear Weapon")에 의하면, 북한은 2027년이면 최대 242발의 핵무기를 보유할 것으로 발표한 바 있다. 동 보고서는 북한의 핵무기 사용과 관련된 5개 시나리오를 다음과 같이 제시했다. ① 협박·강제·억제를 위한 핵무기 사용, ② 제한적 핵무기 사용, ③ 핵무기를 사용한 전면전, ④ 미국의 대한(對韓) 확장억제 무력화, ⑤ 핵무기 확산 등이 그것이다. 특히 ③번 시나리오는 북한이 40~60발의 핵폭탄으로 남한 전략목표를 기습공격하고, 미 증원군의 도착 이전에 신속한 승리를 선언(7일 이내 남한 전역을 석권 가능)하는 상황을 상정했다. 이와 관련, 이미 김정은은 8차 노동당 대회에서 '핵무기 소형경량화, 전술무기화, 선제적 핵공격' 거론했다. 사업 총화 보고에서는 "핵무기 소형경량화, 전술무기화 발전"을 지시하고, 남한을 전술핵 표적으로 적시하며, "핵선제 및 보복타격 능력 고도화"를 언급함으로써 핵선제 공격을 공식화했다. 아울러 "첨단무기들이 핵보유국으로서의 우리 국가의 지위, 세계 최강의 군사력을 보유한 군대의 위력을 확증"했다고 주장하며, 핵 보유국으로서의 지위를 공식화했다. 2020년 기준으로 남한은 북한에 비해, GDP 54배, 무역량 322배, 국방비 4배 이상을 확보하고 있음에도 불구하고, 끊임없이 북한의 핵·재래식 전력 위협에 시달리고 있다. 그러므로 안보 위협의 극복과 국가생존 보장을 위해서는 전략적 우위 달성을 통해 적의 강점을 '상쇄'하기 위한 특단의 대응책이 요구되는 상황이다. 다시 말해, 북한 핵 보유를 전제로 하여 북한위협 대응, 대북억제 달성, 억제 실패시 승리를 위한 안보 패러다임의 대전환이 시급히 요구된다.

그 출발점은 미국의 상쇄전략에서 모색할 수 있다. 미국은 지금까지 3

차례(1950년대, 1970년대, 2010년대) 상쇄전략 추진으로 구소련과 중국·러시아의 안보위협을 '상쇄'시키고 있다. 1차 상쇄전략은 1950년대 초, 소련 침략에 대비하기 위해 아이젠하워 대통령이 'New Look Strategy'를 주창하며 시작되었다. 핵심은 당시 바르샤바조약(WTO) 軍의 재래군사력 우위를 핵전력 증강으로 '상쇄'시키는 것이다. 비교우위에 있는 핵무기를 전략적 비대칭무기로 적극 개발하여 핵무기를 소련보다 10배 이상 보유함으로써 전략적 군비증강으로 경제적 유용성을 달성하는 성과를 거두었다. 다음으로 브라운(Harold Brown) 국방장관이 1970년대 중반 제2차 상쇄전략을 제시하면서 '상쇄전략'이라는 용어를 처음으로 사용했다. 1차 상쇄전략('New Look Strategy')이 다소간의 효과를 보였지만 시간적 경과에 따라 소련이 미국의 핵무기/ICBM 전력을 따라잡고, 재래식 군비증강에 박차를 가하면서 새로운 위기감이 고조되었다. 2차 상쇄전략은 베트남전 실패를 거울삼아 브라운 장관과 페리(William J. Perry) 연구개발 부장관 주도로 본격 추진되었다. 이들은 수적으로 불리하지만 우세한 기술력이 균형을 유지하는 방안이라고 강조했다. 제2차 상쇄전략에서 조기경보통제기, 무인 고공정찰기, 정찰인공위성 등의 정보·감시·정찰(ISR) 기술과 C4I체계가 연동된 전장관리체계, 정밀유도·타격체계, 스텔스 기술, 위성항법시스템(GPS) 기술 등을 집중적으로 육성했다. 카터 행정부에서 개발된 기술들이 1991년 걸프전을 통해 위력을 발휘함에 따라 21세기 미국이 유일 패권국으로 등극하는 발판이 마련되었다.

한편 미국의 3차 상쇄전략은 중·러 등 수정주의 국가들이 미국 기술력을 따라잡으면서 패권적 지위를 위협한다는 위기의식에서 출발한다. 패권의 핵심인 기술기반의 군사적 우위가 흔들리기 때문이다. 미국은 이런 도전을 '상쇄'할 수 있는 새로운 기술혁신의 시대를 선언하며, 군사적 경쟁국이 미국의 기술을 추월하기 위해서 너무나 많은 비용이 소요된다는 점을 인지하게 만들어 감히 미 군사력의 우위를 넘볼 수 없도록 도전의 포기를 유도하는 것을 3차 상쇄전략의 목적으로 설정했다. 이를 위해서는 최첨단 기술의 개발 및/또는 확보가 관건이다. 이에 펜타곤은 레일건, 지향성에너지 무기, 유도무기, 수중전, 사이버 및 전자전, 인간-기계 협동, 워게임(War game). 작전개념 발전 등의 개발에 집중 투자하여 중국 A2/AD의 무력화를 시도하고 있다. 나아가 미 국방부는 2015년에 3차 상쇄전략에 포함되어야 할 5대 분야를 다음과 같이 선정했다. ① 자율심화학습 시스템(Autonomous deep learning system)이다. 기계에 AI 기능을 추가함으로써 사이버전, 전자전, 우주전, 미사일 교전 상황에서 이러한 인공지능 기능을 활용하여 빛의 속도로 신속하게 적의 공격에 대응하도록 하는 것이다. ② 인간-기계 협력(Human-machine collaboration)에 의한 의사결정이다. 인간의 전략적 분석(Strategic analysis) 능력과 기계의 전술적 정확성(Tactical acuity)을 결합시키는 개념으로 기계가 인간의 신속한 의사결정을 지원함을 의미. 예를 들어, F-35에 장착된 컴퓨터가 방대한 데이터를 수집/분석한 후 이를 조종사 헬멧에 시현하여 조종사의 신속한 의사결정을 지원하는 것이 좋은 예라고 볼 수 있다. ③ 인간작전 보조(Assisted human operations) 개념이다. 착용식 전자장비를 통해 인간 전투원이 발생 가능한 우발상황에 신속히 대처할 수 있도록 인간의 능력을 보조적으로 향상시키는 것을 의미한다. 예를 들어 아이언맨(Iron man)처럼 인체에 외골격(Exoskeletons)을 입혀 신체능력을 획기적으로 향상시키는 것이다. ④ 인간-기계 전투팀(Human-machine combat teaming) 개념이다. 다양한 로봇과 기계들이 인간 전투원(또는 지휘자)과 하나의 전투 임무조가 되어 작전임무를 수행하는 것을 의미한다. ⑤ 네트워크를 활용한 반자율무기(Network-enabled semi-autonomous weapons)이다. 사이버전 및 전자전 환경에서의 취약성을 극복할 수 있는 반자율화(Semi-autonomous) 무기를 사용한다. 예를 들어, GPS 기능이 없이도 목표물에 대한 정밀공격이 가능한 소구경 폭탄(Small diameter bomb)을 개발하여 전장에서 활용하는 것을 포함한다.

그렇다면 우리는 어떤 기술들을 염두에 두고 개발해야 하나? 중국이나 미국, 러시아, 일본과의 기술격차를 고려한다면 우리만의 특장점을 갖는 기술 개발에 집중해야 하기 때문이다. 어떤 영역에 대한 투자가 가장 효과적인지에 대해서는 아직 국내적 합의가 존재하지 않고 있다. 다만 로켓 분야와 미사일 역량에 대한 비교우위가 주변국으로부터 인정받고 있다. 상쇄전략을 추진하면서 다다익선의 자세는 불필요하다. 모든 영역에 대한 투자를 할 수도 없지만 또한 단기간 기술 격차를 극복할 수도 없기 때문이다. 상쇄를 구현하기 위해서는 대상국의 취약점에 대한 분석이 필요하며, 무엇보다 우리가 잘할 수 있는 분야를 식별해 특화해야 한다. 마치 기계 체조 18개 종목 모든 분야에서 우리가 금메달을 딸 수 없는 것과 같다. 도마 분야의 양학선 기술은 우리가 선택한 전략 종목이며 이를 오랜 기간 개발하고 표준화에 성공한 대표적인 사례이다. 동경 올림픽 여자 단체 체조 분야에서 이스라엘이 사상 처음 최강 러시아를 이겨 금메달을 차지했다. 러시아의 약점을 분석하고 오랜 기간 집중 투자한 덕분이다. 이와 마찬가지로 중국과 러시아, 북한의 약점을 파악하고 이들을 압도하며 세계 최고의 역량을 갖출 수 있는 분야를 선택하고 집중투자를 해야 한다.

'한국형 상쇄전략'의 당위성에 문제를 제기할 사람들은 없다. 다만 현 시점에서, 북한의 지속적인 다종화와 전술 유도 미사일들의 성능개발이 초래할 위험성에 주목해야 한다. 미·중 경쟁 가속화 속에서 북한이 제2격 능력을 대폭 향상시킨다면 이로 인해 한국내 한·미동맹의 전략자산이나 병력이 위험에 노출될 가능성이 크기 때문이다. 상기 맥락에서 볼 때, 기존의 북한 핵 대응을 뛰어넘는 패러다임의 전환이 요구된다. 특히 새로운 전략의 수립이 필요하다. 기본적으로 '상쇄' 개념은 불리한 여건을 보상하는 비대칭적 수단들에 초점을 맞추고 있으며, 상대가 이길 수 없도록 만들거나, 상대에게 감당 불가한 비용을 부담시키는 행위이다. 따라서, 북핵 문제의 관점에서 볼 때, 상쇄전략은 북한 핵 개발로 불리해지는 안보 환경을 개선하고, 보다 유리한 여건을 조성하기 위한 방책이다. 무엇보다도 북한 핵·미사일 위협이 현실화된 현재 상황을 냉철히 고려하여, 상쇄 수단들을 개발하고 확보해야 한다. 북한의 다양한 미사일들의 동시다발적 발사를 사전에 예측하기 어렵거나 공중 요격이 사실상 불가능하다면 북한이 핵무기를 위협·강압·공갈·억제 수단으로 사용하지 못하도록 관리하는 새로운 대안이 필요하다. 동시에 중국이 실전 배치하고 있는 다양한 동풍 계열의 전략 미사일들이 주한 미군 시설 및 우리의 주요 자산에 대한 공격을 시도할 경우에 대한 대비책도 함께 마련해야 한다.

'한국형 상쇄전략' 수립시 가장 먼저 고려되어야 할 사항은 무엇보다도 개념에 대한 범정부적(Whole-of-the-government) 공감대의 확보이다. 한국형 상쇄전략의 필요성, 한계, 목표 등과 관련하여 정부, 군, 안보커뮤니티(싱크탱크 포함) 간의 합의가 도출되어야 한다. 이는 군의 일방적 결정으로 완성되거나 투사되기 어렵다. 북한의 고도화된 전략 미사일들에 대한 예방 차원의 방어나 요격이 불가능하다면 억제를 할 수 있는 대안 수단을 확보해야 한다. 그 외에도 북한의 실사격 이후 피해를 최소화하기 위한 사후 대처 역량이 필요하다. 핵이 사용됐을 경우를 대비해 관계부처는 물론 광범위한 민·군 협력이 요구된다. 둘째, 상쇄전략의 대상의 범위 설정 문제이다. 향후 20년의 안보환경과 전망을 살펴본다면 잠재적 위협국인 중국을 대상에 포함시키지 않을 수 없다. 따라서 상쇄전략은 가변적이고 동시에 신축적이어야 한다. 안보환경의 변화를 감안할 때, 확실한 위협이 되는 국가에 대한 상쇄는 필수적이다. 셋째, 집중과 선택이다. 가용예산의 한계, 우선순위, 정책적 일관성, 투자의 지속성 등을 종합적으로 고려해야 하기 때문이다. 넷째, 민군협력으로 4차 산업혁명에 따른 첨단기술을 최대한 활용해야 한다. 인공지능(AI), 로봇, 머신러닝, 블록체인, 데이터 센싱, 양자 역학 등이 여기에 포함될 수 있다. 다섯째, 각군별 노력의 수렴(Convergence)을 통한 합동성의 달성이다. 이를 위해 미군의 다영역/전영역 작전 등의 선행사례들을 벤치마킹할 필요가 있다. 끝으로, 한·미동맹 차원의 '연합 상쇄전략'의 적극적 추진이다. 여기에는 개념 구상, 작전계획 수립, 연습 및 훈련 등 全 과정에서 긴밀히 협력, 동맹 간의 상호운용성(Interoperability) 및 역할 분담과 효과 제고 등의 노력이 포함되어야 한다.

'한국형 상쇄전략'에 반드시 포함되어야 할 요소들을 살펴보고자 한다. 무엇보다도 현 정부가 사실상 포기한 '한국형 3축 체계'의 신속한 복원이 요구된다. 2019년 1월, '한국형 3축 체계'라는 용어가 공식 폐기되고, '핵·WMD(대량살상무기) 대응체계'로 표현이 바뀌었다. 3축 체계를 구성하는 주요 전력과 작전 용어도 변경되었다. 킬체인(Kill chain)은 '전략표적 타격', 한국형미사일방어체계(KAMD)는 '한국형미사일방어 능력', 대량응징보복(KMPR)은 '압도적 대응'으로 각각 수정되었다. 이는 단순한 용어 변경을 넘어, 북한위협에 대한 대응태세를 개선(upgrade)하기보다 오히려 축소(Downgrade)시킨 '개악(改惡)'으로 보일 수 있다. 그러나 기본적으로 한국형 3축 체계는 △ 킬체인 → 북한의 핵미사일 발사 전에 탐지/타격, △ KAMD → 북한의 미사일로부터 주요 군사 및 민간 거점을 보호, △ KMPR → 북한의 핵도발시 북 수뇌부를 제거할 수 있는 역량 등에 초점을 맞추고 있어, 북한위협에 대한 올바른 대응책으로 평가된다. 다만 재래식 군사력으로 북한의 핵무기에 대응하려는 구상은 실효성이 떨어지는 만큼, 이 부분을 근본적으로 재검토하여 보완할 필요가 있다.

만약 한미 공동자산으로 동시다발로 쏟아지는 북한의 미사일 요격이 어렵다면 이를 차단시킬 수 있는 대안적 수단의 확보가 필요하다. 이를 위해 가장 절실한 역량은 정보·감시·정찰, 지휘통제 네트워크, 정밀타격, 정밀요격 플랫폼의 구축을 위한 핵심 첨단기술을 확보하는 일이다. 또한 이러한 새로운 테크놀로지를 식별하고, 우선순위를 부여 (다만, 신기술 무기체계는 민간 역량을 활용하거나 동맹국과의 공동개발 등이 바람직)하는 과제를 추진해야 한다. 한·미 확장억제협의체(EDSCG : Extended Deterrence Strategy and Consultation Group)는 작전적 수준의 핵 공유 체제로 최신화시켜야 한다. 또한 한·미동맹 체제의 활동공간은 반드시 우주·사이버 영역(Domain)으로 확장되어야 한다. KAMD를 미국 주도의 MD 체제에 통합시키는 방안도 추진해야 한다. 이미 북한은 2022년 이후 일곱차례나 미사일 실험을 했다. 1월 14일 K-23, 17일에는 K-24 등을 연속 실험하며 대량생산 체제를 갖추고 전술 배치 의지를 공언하고 있다. 임박한 핵·미사일 공격에 대비한 자위적 선제타격 실행을 위해, 한·미동맹 차원에서 '발사 왼편(left of launch)' 계획수립 및 다양한 워게임과 시뮬레이션도 실시해야 한다. 한·미·일 3국의 안보협력 강화를 통한 북한의 핵 시설과 발사대, 저장소, 이동 수단 등을 정확히 타격하고 무력화시킬 수 있는 전략과 역량을 확보해야 한다. 이러한 점에서 한·미·일 군사정보공유협정의 제도화 방안이 요구된다. 상기 과제를 위해 초당적이고 범정부적 성격의 '상쇄전략추진위원회(가칭)'를 구성하는 것도 적극 검토 해야 한다.

VI. 결론

미래의 험난한 안보 환경을 헤쳐나가기 위해 4개국 6개 전략보고서를 검토한바 우리가 발견한 교훈은 적어도 5가지이다.

첫째, 미국을 중심으로 새로운 도전에 공동 대응해야 한다. 미국의 리더십 약화가 우리에게 오히려 기회가 되도록 한미동맹 간 역할을 재조정해야 한다. 미국이 혼자 힘으로 도저히 문제를 해결할 수 없는 상황이 대한민국의 영향력 확대의 기회라는 관점에서 보다 적극적인 지역 및 세계전략을 추진해야 한다. 미국 중심의 지역 내 균형유지 전략에 협력해야 하며, 한반도 전구에서의 제한적 역할에 만족하기 보다는, 호주와 캐나다, 영국이 보여준 것처럼 윤리적이고 프로페셔널한 군의 능력기반 위에 하드파워와 소프트파워간의 균형을 이루는 광범위한 전략적 옵션을 확보해야 한다. 특히 자유민주주의의 확대, 지역주민의 보호, 경제건설을 통한 지역발전을 염두에 둔 인도주의와 환경적 위기에 공동대처 가능한 방안들을 모색해야 하며 지구촌의 지속 가능한 발전을 목표로 군의 새로운 역할과 임무들을 찾아 나서야 한다. 유엔차원에서 진행 중인 디지털 혁신 방안 등 새로운 평화유지군의 역량강화에도 기여해야 하며 지구온난화에 따른 다양한 재앙과 재난에도 적극 협조하고 인도·태평양사령부 중심의 HA/DR 등 다양한 다국적군 활동에도 참여해야 한다.

둘째, 민군협력의 강화이다. 복합위기의 시대에 필요한 전략적 목표의 달성은 군사적 수단만으로는 불가능하다. 한국이 장점을 확보하고 있는 첨단기술 분야는 동맹 구축 및 강화의 핵심수단이며 전략적 동반자들과의 협력을 확대하기 위한 핵심 영역이다. 첨단 기술력을 갖고 있는 대기업과 벤처회사, 공공기관, 주요 개개인들과의 융합을 통한 창조적 노력이 필요하다. 따라서 우리 군은 첨단기술을 확보하고 이를 상쇄전략으로 연계할 수 있는 효율적 체계를 구축해야 한다. 동시에 기술 유출과 오남용을 차단하기 위한 국제적 규범 창출에도 힘써야 한다. 거버넌스(Governance)를 만들기 위한 국제적 절차와 합의 과정에 민감해야 하며 이러한 논의 과정에서 유리한 위치를 확보해야 한다. 특히 해상안전, 우주의 평화적 이용, 대테러 차단과 국제보건협력 등을 위한 국제적 노력에 앞장서면서 동시에 실천력을 갖춘 모범사례가 될 수 있도록 다자적 역할에도 앞장서야 한다.

셋째, 회색지대 분쟁과 위협은 미래 안보 환경에 가장 두려운 요인이다. 따라서 군이 특화된 전문성을 확보해야 한다. 위협의 종류와 수단이 변화되고 다변화된 새로운 안보 환경에 적응하기 위해서는 우리 국방력이 다각적 위협에 대처할 수 있도록 유연해야 하며, 민간 분야는 물론 정부 각 부처와 '협력 가능한 전문집단'으로 혁신해야 한다. 따라서 현재의 획일적이고 폐쇄적 군 문화를 개선해야 한다. 각국과의 정보협력, 군사협력에도 더욱 역량을 집중하고 확대해야 한다. 특히 사이버전, 영향력전, 심리전, 법률전에 대처할 인력 양성과 분석 능력을 육성하고 이러한 지식기반 정보를 정책으로 전환할 수 있는 인사 및 교육체계의 확립이 필요하다.

넷째, 상쇄전략에 필요한 우리만의 장점을 개발하고 육성하기 위한 특단의 노력이 필요하다. 이를 위해 과학기술 분야에서의 민군협력이 보다 확대되어야 한다. 국방과학연구소와 일부 방산업체가 무기체계 개발에 앞장서고 있지만 민간 기술의 적용이 보다 확대되어야 한다. 민군 상생을 위한 협력이 그 어느 때보다 필요하며 총력 안보를 구현하기 위한 사회와 군의 재계약이 필요하다. 사회의 전문화 된 역량이 활용될 수 있는 구조개혁이 선행돼야 하며, 민군간의 정보공유와 인센티브 제공이 활성화돼야 한다. 이제껏 군 구조개혁은 군 내부 조직만을 대상으로 이루어졌다. 앞으로의 군구조 개혁은 사회의 역량을 포괄하는 군과 민간의 역할 재조정이 반드시 논의되어야 한다. 특히 부족한 재원을 감안할 때, 예산확보를 위한 대국민 설득이 필요하다. 군종 간의 갈등을 방지하고 갈등에 연루되지 않는 범정부 차원의 합동전력 개발에 대한 우선순위 선정도 필요하다. 대국민 합의를 바탕으로 국회의 적극적 지원 아래 기술혁신을 위한 도전이 체계적으로 진행되어야 한다. 2040년을 향한 새로운 로드맵 구축이 시작되어야 한다.

다섯째, 낙관적 기술주의와 비관적 기술주의 사이에서 균형을 유지해야 한다. 2040년이면 많은 기술적 변화가 예상된다. 전장 자동화가 발생할 새로운 추세를 감안한다면 AI, 양자역학 등 우리만의 특화기술을 개발하는 데 심혈을 기울여야 한다. 특히 데이터 센싱의 혁신이 가장 우선시 된다. 하지만 기술은 전략을 대체할 수 없다. 로봇과 드론이 전투의 승패에 크게 기여할 수 있지만 보편화되기 힘들다는 주장도 잊지 말아야 한다. 따라서 기술 만능에 대한 과도한 기대는 금물이다. 2040년까지 대규모 병력감축이 불가피한 상황이지만 '사람이 중심인 군'을 육성해야 한다. 소수 정예로 이들이 개발된 기술을 최대한 유용하게 운영할 수 있는 '효율적 군대'가 되어야 한다. 규율과 군기가 강한 군, 철저한 훈련과 연습으로 항상 싸워 이길 수 있는 준비를 갖춘 전문성 위주의 군을 조련하는데 혁신의 초점을 맞추어야 한다.

영국의 사이먼 스미스 대사는 2022년 1월 19일 35년간의 외교관 생활을 마감하며 국내 한 언론과의 인터뷰에서 자신이 바라본 한국의 가장 큰 장점은 "절대 멈추지 않는 불굴의 의지"라고 밝혔다. 제프리 존스 미 상공회의소 전 소장은 국제사회가 한국을 간절히 바라는 데 비해 한국인들은 자신들의 역량과 가능성을 이해하지 못하고 있다고 평가했다. 한국은 어느새 세계국가의 반열에 우뚝 서 있지만, 세계가 자신에게 무엇을 원하는지, 스스로 어떤 역할을 해야 할지 모르고 있다. 안보 환경의 변화에도 불구하고 과거의 시각으로 현재를 재단하고 미래를 만나려 해서는 안된다. 군사력 6위, 방산 역량 9위라는 놀라운 위치에 서 있지만, 세계전략의 부재 속에 세계국가로 남아 있다. 미래 국방환경이 아무리 힘난해도 이를 극복하고 새로운 환경에 적응하기 위한 우리의 강력한 의지와 믿음이 중요하다. 역경을 헤치고 오늘날의 대한민국을 만든 선조들의 피와 땀을 토대로 다가올 미래를 용감하고 지혜롭게 개척해야 한다.

1. 한국의 상쇄전략(Offset Strategy) 어디에 핵심을 둬야 하나?

상쇄전략이란 불리한 경쟁에서 상대방(적대국)에 초점을 맞추는 대신, 경쟁 그 자체를 나에게 유리한 방향으로 바꿔, 상대로 하여금 경쟁에서 나를 이길 수 없거나, 이기더라도 감당할 수 없는 대가를 치르게 만드는 전략을 말한다. 이는 싸우지 않고 상대방의 강점을 제거함으로써, 장기간에 걸쳐 상대방보다 우위에서 평화를 유지할 수 있는 일종의 경쟁전략이다. 미국은 지금까지 3차례에 걸쳐 상쇄전략을 수행했다. '한국형 상쇄전략'의 핵심은 AI, 스텔스, 양자 기술 등 첨단 전략기술을 중심으로 북한의 핵·미사일을 비롯한 대량살상무기(WMD)의 이점을 무력화시키는 것이다. 그러나 중국, 러시아, 북한의 기술향상을 극복할 수 있는지 여부에 대한 보다 세밀한 논의가 필요하다. 현재로서는 데이터 센싱 분야를 집중 개선해야 하며 적의 취약점을 타격할 수 있는 각종 로켓 역량과 미사일 역량 확보에 무게중심을 둬야 한다.

2. 회색지대 전략과 하이브리드 전략 어떻게 극복해야 하나?

'회색지대 전략'이 한 국가가 상대방이 설정한 레드라인에 못 미치는 도발을 통해 점진적으로 목적을 달성하는 방법론이라면, '하이브리드 전략'은 정치·경제·외교 등의 비군사적 수단과 군사적 수단을 모두 사용하고, 국가와 비국가 행위자를 모두 포함하는 복합적인 형태의 전쟁을 말한다. 양자의 차이는 회색지대 전략이 군사적 수단을 배제하는 반면, 하이브리드 전략은 이를 배제하지 않는다는 점이다. 한편 양자는 전쟁과 평화의 경계선을 모호하게 만든다는 공통점을 갖는다. 전문가들은 전자에서는 중국, 후자에서는 러시아를 각각 주요 행위자로 평가한다. 유의해야 할 사항은 중국과 러시아가 절대로 자국의 전쟁수행 방식을 회색지대 전략이나 하이브리드 전략으로 부르지 않는다는 점이다. 미래의 전쟁양상은 과거 1차,

2차 세계대전이나 그 이후의 6.25전쟁, 베트남전, 걸프전, 아프간전과 달리 '전쟁' 또는 '무력침략'의 문턱을 넘지 않는, 전쟁-평화의 구분이 모호한 사각지대(회색지대)에서 하이브리드 형태로 발생할 가능성이 매우 높은 것으로 평가된다. 이미 한국은 중국 등 회색지대 전략의 위협에 봉착해 있다. 이를 차단하기 위한 동맹 및 전략적 우호국들과의 긴밀한 안보협력이 요구되며 국제사회에서의 거버넌스 확립을 위한 외교적 노력과 동시에 독자적 대응수단 개발이 절실하다. 국민의 인식제고를 위한 보안교육과 민관군 융합차원의 기민한 대처가 필요하다.

3. 글로벌 공유지(Global Commons) 문제 한국에도 해당되나?

'국제 공유지'란 특정국의 관할범위를 넘어선 공해·우주 및 심해자·남극·대기 등을 가리킨다. 자원이 풍부하고 개발 가능성이 높으며, 인류 전체의 안위 및 발전과 직결되기 때문에 중요성을 갖는다. 이러한 중요성에 기반하여 국제사회는 글로벌 공유지의 활용 및 관리를 위한 거버넌스 체제를 구축하고 있다. 일례로 공해(公海)는 공공의(公) 바다(海)라는 뜻으로 영유권이나 배타권이 특정 국가에 속하지 않는 바다를 말한다. 여기서는 항해와 비행의 자유가 보장된다. 그러나 중국은 남중국해 일대의 분쟁도서 지역에 자국의 영유권을 일방적으로 선포하여 문제가 된다. 이에 맞서 미국을 비롯한 서방국들은 '항행의 자유 작전(Freedom of Navigation Operation: FONOP)'을 실시하고 있다. 이러한 공유지의 문제는 결코 남의 문제가 아니다. 특히 제2의 쇄빙선 투입과 북극해 개척 및 해양 오염 방지를 위한 거버넌스 구축 등에 적극 나서야 하며, 핵·미사일 및 전략물자 확산방지를 위한 PSI에도 적극 동참해야 한다. 또한 해상안전협력을 위한 EU등과의 신뢰구축 작전에도 적극 참여해야 한다. 우주 감시 및 우주공간의 평화적 활용을 위한 미국, 일본 및 EU 국가들과의 협력도 확대해 나가야 한다.

4. 중국의 A2/AD 전략에 북한이 편승하거나 의존한다면?

A2/AD는 Anti-Access(반접근) Area Denial(지역거부)의 약자이다. A2/AD의

핵심은 섬과 섬을 잇는 가상의 방어선인 도련선(Island Chain) 안으로 적대국(미국)이 들어오지 못하게 만드는 것이다. 1도련선은 오키나와~대만~필리핀~남중국해~말레이시아, 그리고 2도련선은 일본~사이판~괌~인도네시아를 연결하는 가상의 선이다. 반접근(접근차단, A2)은 3,000km급 장거리미사일로 원양으로부터 중국 본토에 다가오는 적의 접근을 차단하는 전략이다. 애당초 적이 작전지역으로 들어오지 못하게 막으려는 것이다. 반면, 지역거부(AD)는 설령 적이 원양으로부터 중국 본토로 접근하더라도, 1,500km급 중단거리 미사일로 근해로의 진입을 막는다는 전략이다. 이는 적의 접근 자체를 막는 것이 아니라 작전지역 내에서 적의 활동을 제한하는 것이 목적이다. 따라서, 중국은 1단계로 반접근(또는 접근차단) 전략을 구사하고 2단계로 지역거부 전략을 구사하려는 것이다. A2/AD는 예를 들어 중국과 대만과의 양안관계 악화시 미국의 개입을 차단하거나, 한반도 유사시 미국의 접근을 봉쇄하고자 하려는 전략이다. A2/AD 전략을 수행하려면 기술적 뒷받침이 있어야 한다. 수천 기의 정확한 탄도미사일·순항미사일·대함미사일 장착, 최신 전투기와 잠수함, 장거리 레이더와 감시 위성 그리고 사이버 무기와 우주무기 배치계획이 해당된다. 특히 A2/AD 전략의 대표적 무기는 DF-21D 대함탄도미사일이다. 이는 미국의 항공모함을 겨냥한 장거리 탄도탄(일명 '항모 킬러')이다. 이와 함께 중국은 공격잠수함, 유도미사일 구축함, 대함 공격용 미사일을 장착한 해상 공격용 전투기 등을 집중적으로 개발하고 있다. 아울러 북한이 중국의 A2/AD 전략에 편승할 경우, 한국은 서해 상에서의 대응전략에 대해 고민해야 한다. 한국은 스스로 해결할 능력을 확보해야 하며 우리의 자체 능력이 충분히 갖춰질 때까지 전략 우호국 및 동맹과의 협조를 강화해 위협에 대처해 나가야 한다. 특히 중국의 상륙항모단의 증원과 해병대의 증강에 대처할 수 있는 도서방어 역량과 연안 방어능력 및 함대지 능력을 확보해야 한다.

5. 유엔해양법협약(UNCLOS)에 대한 구속력의 한계를 극복하려면?
   베트남은 중국의 압력에 어떻게 대처하나?

1992년 채택된 「해양법에 관한 유엔협약(United Nations Convention on the Law of the Sea: UNCLOS)」은 제3차 해양법에 관한 유엔회의(UNCLOS-III,

1973년~1982년)의 결과물로 나온 국제 협약이다. 바다와 그 부수 자원을 개발·이용·조사하려는 나라의 권리와 책임, 바다 생태계의 보전, 해양과 관련된 기술의 개발 및 이전, 해양과 관련된 분쟁의 조정 절차 등을 320개의 조항에 걸쳐 규정하고 있다. 일명 '국제해양법'이라고도 불린다. 문제는 중국이 남중국해 일대에서 국제해양법을 무시하는 만행을 저지르고 있다는 것이다. 중국은 1953년 선포한 소위 구단선(九段線)이란 것을 근거로 남중국해 전체의 80% 이상을 영해로 주장한다. 국제상설중재재판소(PCA)는 2016년 "중국은 남해 구단선에 대해 역사적 권리(Historic rights)를 주장할 법적 근거가 없다"며 "중국의 주장은 무효"라고 중국에게 패소 판결을 내렸다. PCA는 국제사법기구가 아닌 행정기구여서 판결의 법적 구속력은 없다. 중국은 이를 근거로 구단선이 1953년에 확정됐기 때문에 1994년 발효된 UNCLOS를 PCA 판결의 근거로 삼으면 안 된다며 PCA 판결 무력화를 시도하고 있다. 중국은 남중국해 도서지역 각지에 인공섬과 군사용 항구, 미사일 기지 등을 설치하며 군사 시설화하고 인접 국가 어민들의 조업 활동을 감시하는 등 계속해서 영유권을 주장하는 불법행위를 반복하고 있다. 동남아 국가들이 중국의 강경한 입장에 대해 집단적 대응을 고려하지만 때론 중국의 각개격파 방식에 중심을 잃기도 한다. 다만 베트남의 경우 강력한 대응을 시도하고 있으며 중국 역시 베트남에 대해서는 당(對)당 차원에서 위기관리를 하고 있으며 과도한 무력행사를 자제하고 있다.

6. 전략적 모호성 유지가 미·중 대결에서 유리한가?

'전략적 모호성(Strategic ambiguity)'이란 대만해협의 안정을 유지해 온 미국의 정책기조를 말한다. 미국이 유사시 대만을 "방어하겠다"고 공언하면 대만은 생존 공간을 확대하고 독립을 추구할 가능성이 높아질 것이다. 그러면 중국의 반발로 대만에 압력을 가할 것이고, 이로써 위기가 초래될 수 있다. 반대로 "방어하지 않겠다"고 공언하면 중국은 미국으로부터의 보복을 별로 걱정하지 않으면서 대만을 차지하려 들 것이다. 이러한 딜레마를 해결하는 방안이 바로 '모호성'이다. 최근 차이잉원(蔡英文) 대만 총통은 대만에 미군이 주둔하고 있음을 공식 인정했다. 그러면서 중국이 대만을 군사적으로 침략할 경우 미국이 대만을 지킬 것이라는 믿음이 있다고 강조했다. 즉, 미국에게 '전략적 모호성'을 버리고 '전략적 명확성' 정책을 채택해 달라는 것이다. 만약 미국이 전략적 '모호성'을 포기하고 전략적 '명확성'으로 선회하면, 미국과 중국의 관계는 근본적으로 변할 수밖에 없다. 미국이 '하나의 중국' 정책을 깨는 것이고, 중국과 단교할 수도 있음을 의미하기 때문이다. 현 시점에서 미국내 여론은 현상유지, 즉 전략적 모호성을 유지해야 한다는 견해가 여전히 우세하다. 그렇다면 한국은 어떤가? 균형찾기가 오히려 미국과 중국 모두로부터 신뢰를 잃게 되는 경우가 있다. 정덕구 니어재단 이사장이 출판한 「극중지계(克中之計)의 결론에서 제시한 8가지 내용이 좋은 참고가 된다. 상호 존중의 자세로 관계를 잘 관리할 필요성이 있지만 우리 정부의 단호한 결기와 위협 시 이를 극복할 상쇄역량이 요구된다. 전략적 명확성이 필요한 때이다.

7. 중국몽(中國夢)과 강군몽(强軍夢)이 우리에게 주는 교훈은?

2012년 11월 개최된 중국공산당 제18차 전국대표대회에서 시진핑을 중심으로 한 중국의 신지도부는 '2개 백년 목표'와 '중국의 꿈(中國夢)'을 중국의 새로운 국가전략목표로 제시했다. 시진핑을 비롯한 중국 지도부는 중국공산당이 추구하는 국가 목표로 '중국몽'을 빈번히 강조하고 있다. 특히 2013년 3월 시진핑은 제12기 전국인민대표대회(전국인대) 제1차 회의 폐막식 연설에서, 국정운영의 핵심개념으로 '중국몽'을 분명하게 내세웠다. 시진핑에 의하면, '중국몽'은 '중화민족의 위대한 부흥의 실현'이다. 이는 중세시대에 조공질서를 통해 세계의 중심 노릇을 했던 과거의 영광을 21세기에 되살리겠는 퇴행적이고 시대착오적인 역사관을 상징한다. '강군몽'은 '중국몽'을 군사적 측면에서 실현하기 위한 개념이다. 시진핑은 2035년까지 국방·군대 현대화를 추진하고, 2050년에는 미국 군대를 누르고 중국군을 세계 제1의 군대로 만들겠다는 것이다. 중국몽과 강군몽을 앞세운 시진핑의 '군사굴기'는 중국을 넘어 전세계에 걸친 글로벌 패권을 장악하려는 노림수이다. 한국은 중국의 군사혁신 사례로부터 무엇을 배울 수 있나? 국방개혁은 어느 나라나 성공시키기 어렵다. 세계 모든 국가가 구조적 문제점들을 가지고 있지만 중국의 경우 시진핑 주석의 강력한 리더십이 작동을 했다. 군의 기득권을 타파하고 현대전에 적응 가능한 새로운 부대구조로의 개혁에 성공했다는 점을 타산지석으로 삼아야 한다.

8. 기정사실화(Fait Accompli) 수법을 차단하는 방법은?

프랑스어로 'Fait Accompli(뻬따 꽁플리)'는 '기정사실'이라는 의미로, 추가적인 행위를 통하여 더 이상 기존의 상태에 영향을 미치지 못함을 의미한다. 일례로 중국은 2012년 7월 남중국해에 '싼사(三砂)시'라는 명칭의 행정기관을 설치했다. 이는 한마디로 2016년 국제중재재판소의 판결을 무시하겠다는 선언이다. 코로나 19 팬데믹으로 인한 국제사회의 힘의 공백을 이용해 남중국해의 영토화·영해화를 가속화해 '기정사실'로 만들겠다는 의도를 드러낸 것이다. 중국의 회색지대 전략은 상대국이 소극적 대응을 할 경우 이를 기정사실화 해간다는 점에서 그 특징을 찾을 수 있다. 한국은 이러한 중국의 의도를 차단하는 데 결코 성공적이지 못했다. 베트남의 경우는 국력 차이에도 불구하고 현장에서의 강력한 대응과 국민들의 반중정서를 적절히 이용하되 당 대 당 차원에서 봉합하는 양면작전을 구사하고 있다. 우리가 중국의 부당한 요구에 적극 의사표시를 해야 하며 모호성은 결코 우리의 안전을 담보하지 못한다. 일본의 경우 중국에 대한 적극적 의사표시를 하고 있지만, 오히려 보복을 당하는 경우가 적다.

9. 재귀통제에서 벗어나기 위한 방법은?

'재귀통제(Reflexive Control)'는 소련 심리학자 레페브르(Vladimir Lefebvre)가 적의 의사결정 과정을 통제하고 영향력을 행사하는 방법을 연구하면서 개발한 이론에서 나온 용어다. 그 핵심은 상대의 행동패턴을 숙지하여 그로 하여금 자신이 원하는 바를 행동으로 옮기도록 압박하는 것이다. 하이브리드 전략의 맥락에 적용해 보면, 이는 외부인들이 크렘린의 의도를 지속적으로 추정(Keep guessing)하도록 유도하고, 출처와 목적의 분명한 규명이 불가능한 도발, 특히 단순히 과잉반응을 유도할 목적으로 시작된 도발에 제대로 대응하지 못하도록 무기력한 상태로 마비시키는 것이다. 한국이 중국의 압박에도 불구하고 무대응 무원칙으로 일관하는 것은 바로 이러한 '재귀통제'가 작동하기 때문이다. 한국전에 대한 원인이 미국의 침략에 위한 항미원조 전쟁이며 의용군의 참여가 미제를 퇴치하기 위한 선의에서 시작됐다는 시진핑의 2020년 10월 단동에서의 발언에 대해 우리 정부나 보훈단체, 국내 학술단체를 포함하여 어느 누구도 역사 왜곡에 대한 문제제기나 성명을 발표하지 않는 사례는 바로 재귀통제가 작동하고 있다는 반증이다. 따라서 잘못된 발표나 관행에 대해서는 즉각적인 이의제기를 실천하는 노력이 필요하다.

10. 안정−불안정 역설을 극복하기 위한 방법은?

"안정-불안정 역설(Stability-Instability Paradox)'이란 핵무기를 보유한 국가들 간에 갈등 해소를 위해 핵무기를 동반한 전면전쟁은 자제하지만, 그보다 낮은 수준의 무력사용을 동반한 국지전을 통해 갈등을 해소하려는 가능성은 오히려 높아진다는 말이다. 대표적인 사례는 1999년 인도와 파키스탄 간에 발생한 인도령(領) 카슈미르지역의 카길(Kargil War)전쟁이다. 이 전쟁은 파키스탄이 핵개발 완료 후 국지전을 통해 국제사회의 관심을 끌어모아 자국의 이익을 취하려고 인도에 대한 선제공격으로 시작된 전쟁이었다. 전쟁은 핵전쟁으로의 확전에 대한 국제사회의 우려와는 달리 두 달 만에 인도군의 승리로 끝이 났다. 카길전쟁에서 패한 파키스탄은 그 후 전면전의 부담을 최소화하면서 인도의 인적, 물적 피해와 그로 인한 국가적 부담을 강요하기 위해 2001년의 뉴델리 국회의사당 습격, 2008년 뭄바이 연쇄 테러 등 다양한 형태의 국지도발을 저질렀다. 파키스탄이 핵무장에 성공한 후 도발의 강도를 더욱 높인 가장 큰 이유는 자국이 핵보유국이므로 인도가 국지도발에 섣불리 대응하지 못할 거라는 오만함과 핵사용을 두려워하는 국제사회의 묵시적 암묵에 의한 핵보유국의 인정이다. 우리 정부가 2022년 이후 1월 5일, 11일, 14일, 17일 각각 발사한 북한의 미사일 도발을 도발이라 부르지 못한 채, 유감-깊은 유감-매우 유감-강한 유감 등으로 표현하고 있는 것도 이러한 학설을 대변하는 증거가 될 수 있다. 북한이 핵무력을 바탕으로 국지전을 일으킬 수 있는 가능성이 커질 수 있다.

| 저자소개 |

홍규덕 | 숙명여자대학교 정치외교학과 교수

고려대학교 정치외교학과를 졸업한 후, 미국 사우스 캐롤라이나 대학교 국제정치학석사 및 박사 학위를 마치고 현재 숙명여자대학교 정치외교학과 교수로 재직 중이다. 주요 경력으로 제17대 대통령직 인수위원회(국방, 외교통일)분과 국방담당 상임자문위원, 국방부 국방개혁실장, 민주평통 상임위 외교안보분과위원장, 아태안보협력이사회(CSCAP) 한국대표, 유엔체제학회 회장, 숙명여자대학교 사회과학대학장 및 교무처장 등을 역임하고, 현재 국제정책연구원(IPSI-KOR)원장, 국가보안학회 회장, 제네바 DCAF 동아시아 SSG포럼 한국대표로 활동하고 있으며, 국방부, 합참, 공군, 해군, 외교부 정책자문위원으로서 한국 외교안보 정책의 최고 전문가로서 인정받고 있다. 주요 저서로는 대외정책론, 북한외교정책, 한국외교정책론, ASIA-PACIFIC ALIANCES IN THE 21ST CENTURY, 동아시아의 전쟁과 평화, 북핵에 대응한 국방개혁, 대전환의 파도 한국의 선택, 남북미소 등이 있으며, 방송, 기고, 강연 등을 통해 공공외교 차원에서 활발한 활동을 하고 있다.

송승종 | 대전대학교 군사학과 교수

송승종 교수는 대전대학교 군사학과 교수 겸 한국국가전략연구원(KRINS)의 미국 센터장으로 활동 중이다. 육군사관학교 졸업 후 국방대학원(현 국방대)에서 석사학위, 미국 미주리 주립대(University of Missouri-Columbia)에서 국제정치학 박사 학위를 받았고, 하버드대 케네디 스쿨의 국제안보 고위정책 과정을 수료했다. 주요 연구 분야는 한·미동맹, 미·중관계, 미국 국방·안보정책 및 군사전략, 민군관계 등이다. 국방부 미국정책과장, 유엔대표부 참사관(PKO 담당), 駐바그다드 다국적군사령부(MNF-I) 한국군 협조단장, 駐제네바 대표부 군축담당관 등을 역임하였다. 2014년 전역 이후, SSCI 및 KCI 등재/등재후보 저널에 20편 이상의 논문 게재 및 『전쟁과 평화(Peace and Conflict Studies, 공동번역)』 출간 등, 활발한 학술 활동을 하고 있다.

홍규덕 교수의 국방혁신 대전략 01
-한반도의 미래 안보환경과 '한국형 상쇄전략'

초판 인쇄 2022년 2월 18일
초판 발행 2022년 2월 18일

지은이 홍규덕·송승종

펴낸곳 로얄컴퍼니
주소 서울특별시 중구 서소문로9길 28
전화 070-7704-1007

ISBN 979-11-969467-9-1